Life Design Course for Those in Their Twenties
-Design Your Future with "Self-Marketing"
Ways to Choose Your Job and How to Work-

HIROKI HAYASHI
林 宏樹

「自分マーケティング」で
未来を描く仕事の選び方&働き方

20代のための人生デザイン講座

水王舎

人生を変えた人々の声

● 佐藤良樹さん（中学校教諭）

正解探しばかりするのではなく「正解にするにはどうすればいいか」という考えに変わりました。

● 山下優子さん（不動産会社）

いい会社に入れなかったことがコンプレックスでしたが、林さんと出会ってから、どこに属するかよりも、そこで何を成すかの方が大事だと思えるようになりました。

● 猶原伶菜さん（品質管理）

不満に思うことがあっても我慢して済ませ、思考停止の状態でしたが、目先のことばかりではなく、長い目でキャリアを考えて、自分の生きやすい環境は自分で作っていきたいと考えるようになりました。

● 松木俊介さん（機械エンジニア）

キャリアは自分の行動力次第でいくらでも変えられることを学びました。その結果、消極的であまり物事を考えられなかった自分が、今では積極的に自分で考え、行動できるようになりました。

→続きは P.212 ～ P.213 へ

はじめに

本書を手に取っていただきありがとうございます。

「自分の置かれている状況は、どんな状況なのか？」
「これから世の中はどう動いていくのか？」
「そんななかで、自分は何を目指していけばいいのか？」
「そのために今〝やるべきこと〟って何？」

本書では、20代のあなたに向けて、それらのことについてお話ししていきたいと思います。

「先の見えない時代」……。

よく聞く言葉かも知れませんね。

・かつての日本の「働き方」のパターンが崩壊
・人生100年時代
・少子高齢化で人材不足になり若者の負担増大
・AIの発達で多くの仕事が消滅の危機
・多様化社会で選択肢がありすぎる
・経済成長は見込めない

「先が見えない」と言いつつも、これから人生キャリアをデザインしていこうとしている20代のあなたには、これらのネガティブな〝先〟がわかっているわけです。

さらに、新型コロナ禍でもおわかりのように、誰も予測できなかったような世界的規模の危機が訪れることも……。

これなどはまさに「先が見えない」事態ですよね。

「先が見えない」

「見えているものはネガティブな要素ばかり」

そんななかで、**20代は何を考え、どう行動していけばいいのか？**

それを本書で解説していきたいと思います。

私はキャリアプランナーとしてこれまでに3000人ほどの若者とかかわってきました。

そして私自身、会社員から独立し、さまざまな仕事に携わってきた経験があります。

今回はそれらの知見に基づき、「20代」に特化したキャリア戦略の立案に関するお話をしたいと思います。

お話のポイントは、いたってシンプルです。

「自分を、どんな場所で輝かせるか？」

「自分を、どうコントロールするか？」

この2点です。

「自分を、どんな場所で輝かせるか？」……それは言い換えれば「自分という商品を、どう売るか？」ということです。

そう、つまりは**「自分マーケティング」**ということですね。

そのためには、自分という商品の「売れるポイント」を探し出す必要があります。

さらには「どんな場所（業界）に身を置くことで、そのポイントを活かせるか？」を考えなければなりません。

それを本書で一緒にやっていきましょう。

「自分を、どうコントロールするか？」……それは言い換えれば「人任せではなく、自分自身を管理する」ということです。

「セルフマーケティング」と「セルフマネジメント」。

「20代のための人生デザイン」を構築するために本書でお伝えしたいのは、この2つのことなのです。

では、本書の内容を簡単に紹介しましょう。

第1章では、人生デザインを実行するにあたって知っておかなければならない「今」と「未来」をお伝えします。今、**20代のあなたが置かれている状況**、そしてこれから起こりうる状況についてお話しします。先ほど「先の見えない時代」とお伝えしましたが、「見えている事実」もあるのです。

第2章では、20代が身につけるべきスキルについてざっくりとお話しします。そう、それが**「セルフマーケティング」と「セルフマネジメント」**なわけです。

第3章では、**「セルフマーケティング」**についての詳しいお話を。

まずは「自分を知る」こと。すなわち「自分という商品の価値を知ること」についてのお話です。

第4章では、**「セルフマーケティング」**の仕上げについて。前章で自分の価値を知ったあなたが、ではどんな場所で輝くのか？　を追求しましょう。

第5章は、**「セルフマネジメント」**のお話です。

自分の人生をデザインするにあたって必要な「自己管理法」についてお伝えします。

そして最終章……。

ここでは**「実際に人生デザインを始める際のポイント」**を紹介します。さらに、大きな視点で今後世界がどのような方向に進むのかについてもお話しします。

さあ、さっそくあなたの〝人生デザイン〟をスタートさせましょう！

プロデュース　長倉顕太
編集協力　中西謡　ＩＰＳ出版株式会社
装丁　澤田哲志
本文イラスト　渡邉佳奈

目次

第1章 なぜ今の20代がキャリアを見直す必要があるのか

第2章　20代が身につけるべき「2つのM」

第3章 セルフマーケティング（自己分析編）

第4章

セルフマーケティング（マーケット分析編）

第5章

セルフマネジメント

最終章

アクションプラン　今から行動しよう！

特別章

『20代のための人生デザイン講座』特別対談

第1章

なぜ今の20代が キャリアを見直す必要があるのか

「目指すべき共通のストーリー」はもうない

「ただなんとなく同じような時間が過ぎていく日々……」

「このままの人生ではまずいのではないか……」

「何か変えたい。けれど何をしたらいいのかわからない……」


そんな気持ちで、あなたは本書を手に取ってくれたのではないでしょうか。

〝それなり〟に豊かに生活できている。友人や仕事関係も〝それなり〟にはうまくやれている。決して不幸せとまでは言わない。

けれど……何か漠然と、満たされない気持ちに付きまとわれているような、この感覚……。


このモヤモヤした感覚の正体は、何なのでしょうか？

実はこれ、あなた1人だけではなく、多くの20代が一様に抱えている感覚なのです。

この第1章では、まずは20代が置かれている社会的な背景を考えながら、この「悩みのタネ」を解き明かしていきましょう。


早速、結論からお伝えしますが、今の多くの20代が先行きの見えない漠然とした不安を抱えている原因は、

「目指すべき共通のストーリーを失ってしまった」

ということです。


「今、社会が大きく変化している」

これは今さら言われるまでもなく、あなたも肌で感じ取っているはずです。

とはいえ、それは感覚的なもので、何だかぼんやりしている。理解の解像度が粗い。

要するに「何となく」理解しているだけ……。

だから、漠然と「この先どうすればいいのかわからない不安」に苛まれるわけです。

これから、まずは私たちが置かれている社会の「現状」をしっかり理解していきましょう。本書は「20代のキャリア戦略」についてお話しするものですが、私たちの置かれている社会を知らないことには、戦略の立てようがありませんからね。

●「かつての日本」と「今の日本」

次の図表をご覧ください。

これは「世界時価総額ランキング」です。左側の図が1989年のランキング。右側が2022年のランキングです。

グレー色の欄が日本の企業。1989年においては、多くの日本企業が、なんと世界のトップ30に入っていました。

では、2022年はどうでしょうか？

世界時価総額ランキング Top30

1989年

順位	企業名	時価総額（億ドル）	国名
1	日本電信電話	1638.6	日本
2	日本興業銀行	715.9	日本
3	住友銀行	695.9	日本
4	富士銀行	670.8	日本
5	第一勧業銀行	660.9	日本
6	IBM	646.5	アメリカ
7	三菱銀行	592.7	日本
8	Exxon	549.2	アメリカ
9	東京電力	544.6	日本
10	Royal Dutch Shell	543.6	イギリス
11	トヨタ自動車	541.7	日本
12	General Electric	493.6	アメリカ
13	三和銀行	492.9	日本
14	野村証券	444.4	日本
15	新日本製鐵	414.8	日本
16	AT &T	381.2	アメリカ
17	日立製作所	358.2	日本
18	松下電器	357.0	日本
19	Philip Morris	321.4	アメリカ
20	東芝	309.1	日本
21	関西電力	308.9	日本
22	日本長期信用銀行	308.5	日本
23	東海銀行	305.4	日本
24	三井銀行	296.9	日本
25	Merck	275.2	ドイツ
26	日産自動車	269.8	日本
27	三菱重工業	266.5	日本
28	DuPont	260.8	アメリカ
29	General Motors	252.5	アメリカ
30	三井信託銀行	246.7	日本

2022年

順位	企業名	時価総額（億ドル）	国名
1	Apple	28,281.9	アメリカ
2	Microsoft	23,584.4	アメリカ
3	Saudi Aramco	18,868.9	サウジアラビア
4	Alphabet	18,214.5	アメリカ
5	Amazon.com	16,352.9	アメリカ
6	Tesla	10,310.6	アメリカ
7	Meta Platforms	9,266.8	アメリカ
8	Berkshire Hathaway	7,146.8	アメリカ
9	NVIDIA	6,817.1	アメリカ
10	Taiwan Semiconductor Manufacturing	5,945.8	台湾
11	Tencent Holdings	5,465.0	中国
12	JPMorgan Chase	4,940.0	アメリカ
13	Visa	4,587.8	アメリカ
14	Johnson & Johnson	4,579.2	アメリカ
15	Samsung Electronics	4,472.9	韓国
16	UnitedHealth Group	4,320.0	アメリカ
17	LVHM Moet Hennessy Louis Vuitton	4,134.3	フランス
18	Home Depot	4,117.1	アメリカ
19	Bank of America	4,053.0	アメリカ
20	Walmart	4,025.0	アメリカ
21	Procter & Gamble	3,938.2	アメリカ
22	Kweichow Moutai	3,835.0	中国
23	Nestle	3,762.6	スイス
24	Mastercard	3,637.3	アメリカ
25	Alibaba Group Holding	3,589.0	中国
26	Roche Holding	3,535.1	スイス
27	ASML Holding	3,174.8	オランダ
28	Pfizer	3,126.4	アメリカ
29	Exxon Mobil	2,916.0	アメリカ
30	Walt Disney	2,810.9	アメリカ

引用元：ダイヤモンド社のデータ（https://diamond.jp/articles/-177641?page=2）
Wright Investors' Service, Inc のデータ（https://www.corporateinformation.com/Top-100.aspx?tpcase=b#/tophundred）

なんと、日本企業は一社もランキングに入っていないのです。

「かつての日本」と「今の日本」とでは、状況が大きく違っているということが一目瞭然ですね。

かつては日本の企業が絶頂だった。だから「日本の会社に居る（勤めている）」ことは、ある意味「世界のトップ企業で働く」ということでした。それならば「日本の企業の成長に合わせて日本の企業に居続ける」という戦略もよかったのかもしれません。

ところが、今はそういう状況ではありませんよね。

「日本の企業は世界の中で遅れをとってきている」。これが現実、今の日本です。

こうした事実を、あなたは知っていましたか？

●「人口減少」があなたのお金を搾取する？

次に20代が知るべき現実は、日本の「人口減少」です。

こちらも論より証拠。まずは24ページの図をご覧ください。日本の人口は2008年をピークに減少を続けており、2050年には約1億人にまで減少する見込みです。また、65歳以上の高齢者人口が総人口を占める割合は、2050年には37・7%までにのぼるという予測が出ています。

この話を知っただけでは、まだあなたは〝自分事〟には感じられないかもしれません。

「人口が減っても、自分の人生には影響ないんじゃない？」
「私の住んでいる街にはまだまだ沢山の人がいるから関係ないかな？」

そう思ったのであれば、要注意です。

〝人口が減る〟……それは「あなたのお金が搾取される」ことに繋《つな》がるからです。

一体どういうことでしょう？　なぜ、人口と自分の給与が関係するのでしょう？

これから説明していきますね。

日本の総人口は2050年には約1億人へ減少

日本の総人口は、2008年をピークに減少傾向にあり、2050年には約1億人にまで減少する見込み。

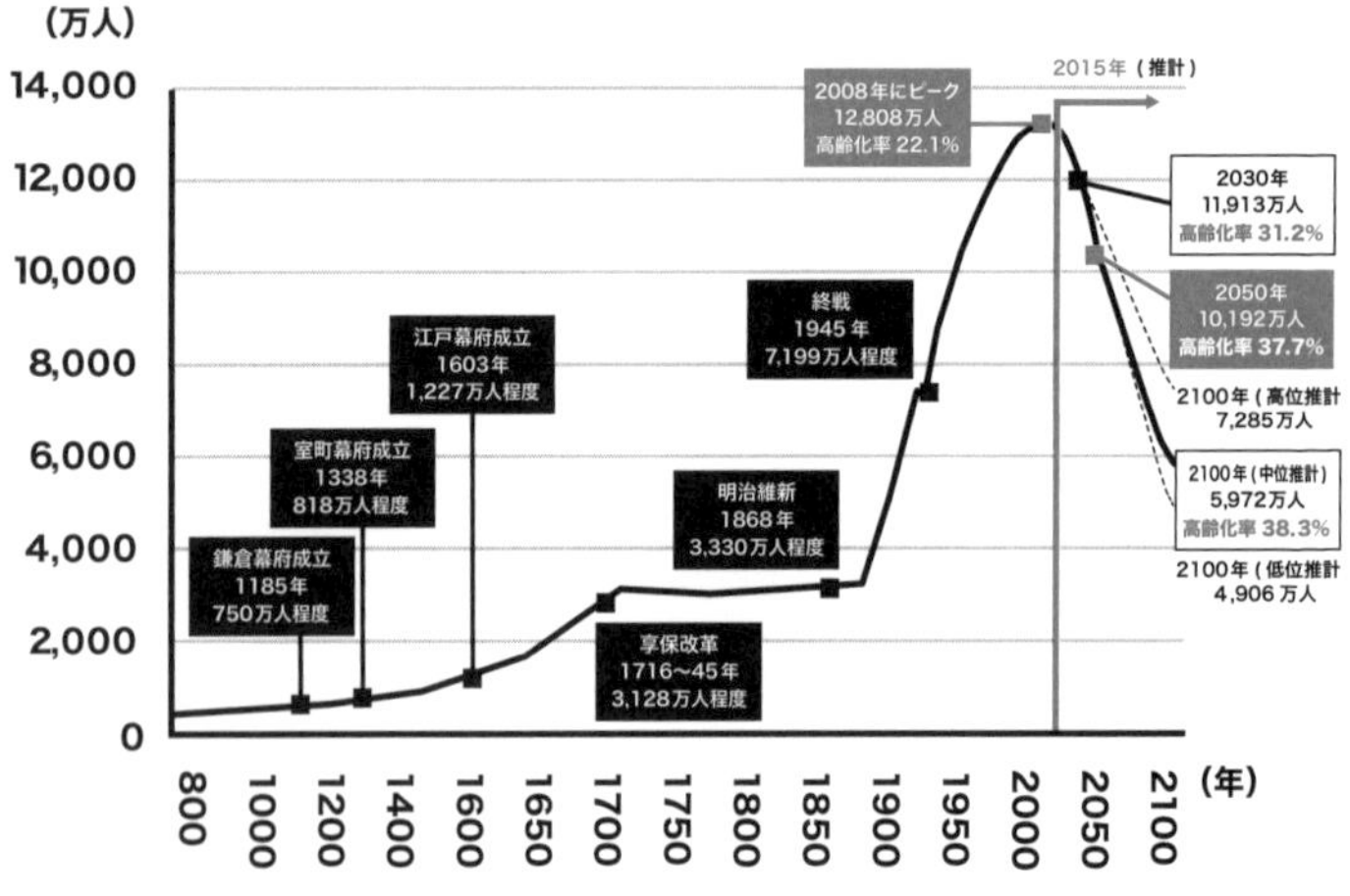

引用元：国土交通省「国土の長期展望」中間とりまとめ 参考資料

●日本の地位が下がることは、確定事項

「人口減少は、その国の国力が減っていくことに繋がる」

まず大前提として押さえておくべきポイントがこれです。

人口減少によって起こること……それはマーケット（市場）の縮小です。言い換えるとそれは「お金の動く場所が少なくなる」ということ。

特に日本という国は、人口減少の影響を受けやすい国です。

これには、日本の地理的な影響があります。

日本は海に囲まれた国です。したがって、物理的に「他国との交流を持ちづらい」構造にありますよね。

そのため、英語を話せる人も少なく、国内で生産、消費活動をする必要性が高い国なのです。

国内の人口が減るということは、極めてシンプルに、マーケットが大きく縮小してしまうということに繋がってしまうわけです。

２０２２年の段階で日本のＧＤＰは3位という状況ですが、これからさらに落ち込んでいくでしょう。２０５０年の段階では8位まで落ちるとも予測されています。

今の日本は、簡単に人口が増えるという状況ではありません。そして、世界のＧＤＰランキングが下がるのは、ほとんど確定。

「世界の中での日本の地位が下がっていく」ということは、もはや避けられないことだと理解しておく必要があるのです。

「高齢化による社会保障費の増大」が若者に重くのしかかる

次に、「高齢化による社会保障費の増大」についてもお話しします。これも20代は必ず知っておくべきファクターです。

今の日本は、「少子高齢化」という問題に直面しています。

よくメディアやニュースで目にするので、言葉自体はすでにご存知のことでしょう。

ここでは、その意味について今一度整理をしておきます。

「少子高齢化」……それは文字どおり、人口構成のうち若年齢者の割合が減少する「少子化」と、高齢者の割合が相対的に増加する「高齢化」が同時に進行している状態を指します。

「高齢者が増加して若者が少なくなってしまう」

これにより、若者一人ひとりの社会保障費負担が増加するという形になるのです。

先ほどもお伝えしたように、日本はただでさえ国の経済成長を見込めない状況です。

その上、社会保障費の負担が増えてしまう。日本の若者は、まさにダブルパンチを喰《く》らってしまうというわけです。


それだけでは終わりません。日本には高齢者が長生きする要因にもなっている「国民皆保険」という制度がありますよね。

一見、良心的なシステムに見えますが、実は高齢者の医療費負担が他よりも少なく設定されています。

では、高齢者の医療費に充てるお金はどのように調達するのでしょうか？

社会保障給付を賄う税金や借金の増加

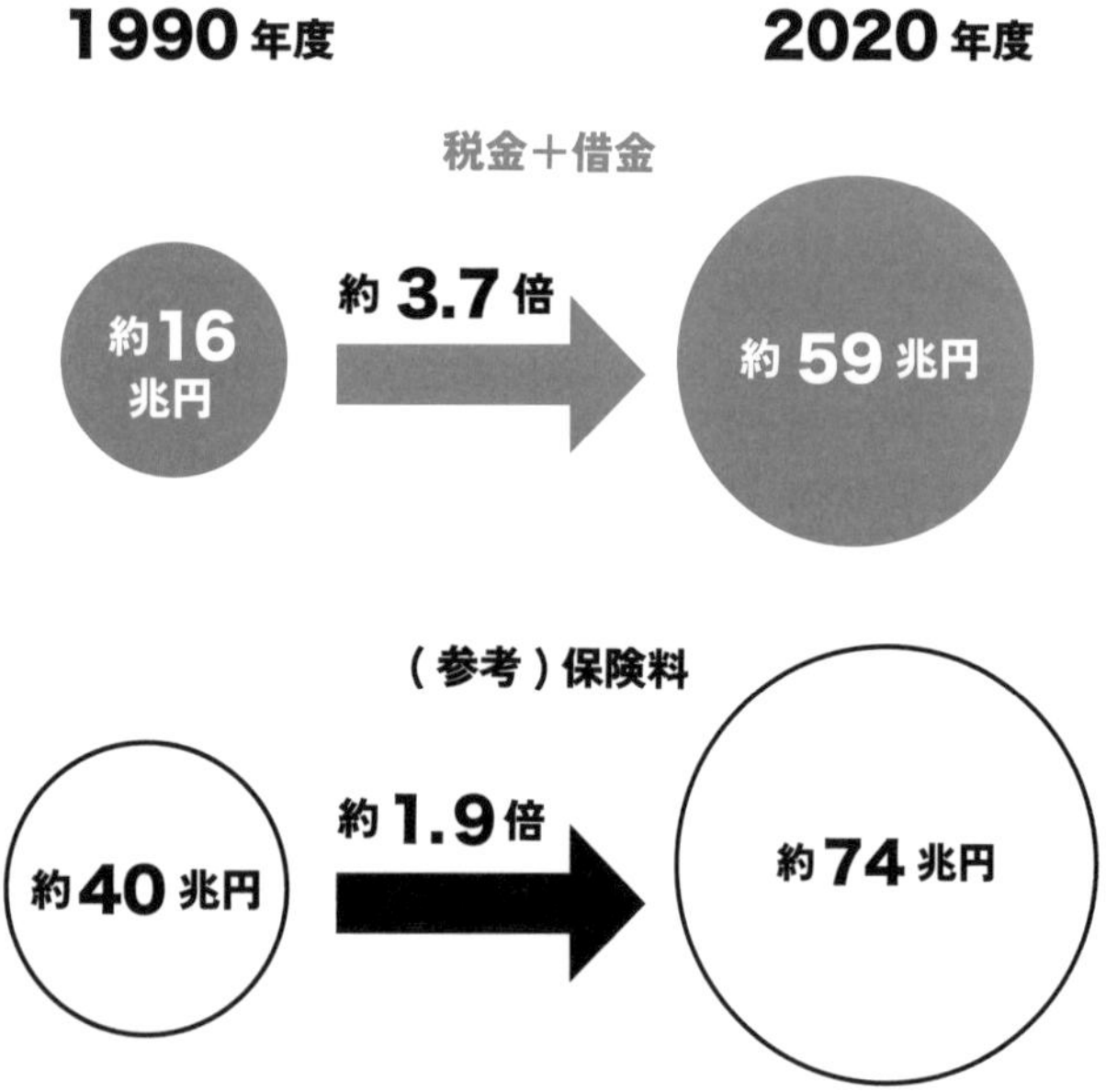

引用元：国立社会保障・人口問題研究所「令和２年度社会保障費用統計」

そうです。〝あなたのお金〟からです。

医療保険をもっとも活用するのは、高齢者層です。その高齢者層の割合が今後増えていく（そして若者は少ない）ということは、さらに税金を増やす必要があるということです。その税金の中に含まれているのが「社会保障費」というわけです。

実際に右の図を見てもわかるように、1990年度と2020年度を比較すると、税金と借金を合わせた額は約3・7倍にまで増えています。これが、今後さらに拡大していくことは、火を見るよりも明らかでしょう。

●「給料天引き」という搾取システム

ではここで、社会保障がどのような構成になっているのかを一度、整理してみましょう。

社会保障は、「福祉」「医療」「年金」の3つから構成されています。これら3つは、当然、高齢者が増加することでより多く必要になるため、今後もどんどん増え続けていくことになるわけです。

あなたが会社員であれば、会社から「給与明細」をもらっているはずです。その明細を見れば、国民保険・厚生年金・雇用保険というものが、給与から引かれていることに何となく気づいているでしょう。でも、関心が薄い部分だと思います。

しかしこれは、**あなたが国から「給与天引き」という形で〝知らない間〟に搾取されている**、ということなのです。

たとえば消費税であれば、5%→8%、8%→10%と変更した際に、商品を買うことで目に見えてわかります。はっきりわかるからこそ、増税されているということを理解している人や、それに対して反発する人も多いわけです。

しかしこれが「自動的に給料から引かれる」＝「給与天引き」になると、増税されたという事実に意識を向けない人が多いのです。

社会保険料は、会社と従業員で半分ずつ払いますが、年々その額が増えていて、近年では住民税、所得税よりも社会保険料の額の方が多くなっているケースもあります。何よりも、今後はさらに増えていく可能性が高い、ということなのです。

社会保障の給付の見通し

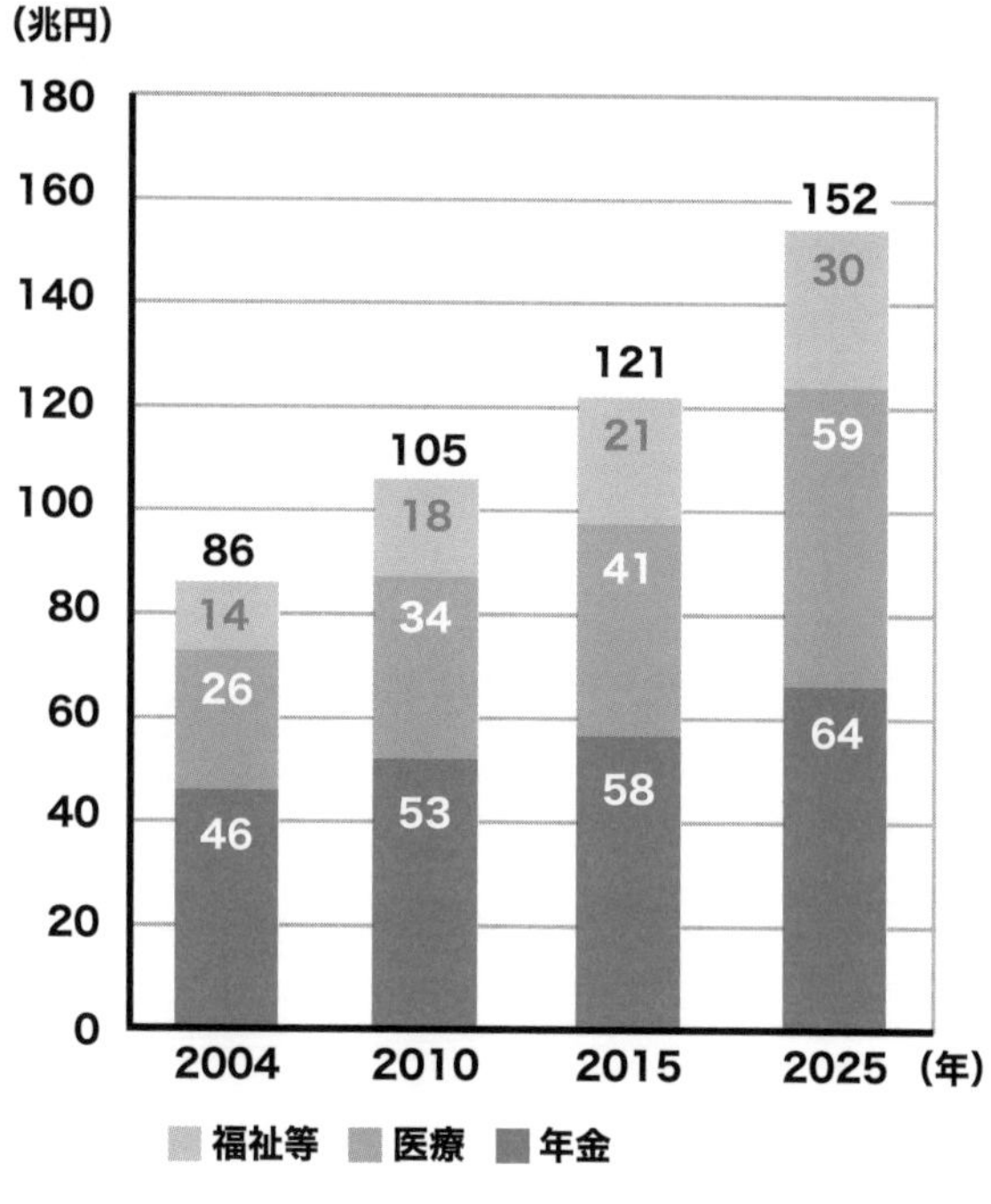

引用元：内閣府公式サイトより作成
資料：厚生労働省「社会保障の給付と負担の見通し（平成16年5月推計）」
※四捨五入の関係で合計が合わないことがある。

左の「年収別 手取り額の推移」の図を見てください。手取り額が年々減っている状況になっていますよね。

たとえば、年収500万円の欄を見てみると、2012年の段階では384万円だったものが、2020年では378万円に減っています。そう、これは、社会保険料が増えたことによって手取り額が減ったということです。

また、年収2000万円の欄においても、2012年で1270万円だったものが、2020年では1210万円に減っており、年収が高い人はさらに引かれる額が大きくなることがわかります。

まずは、こうした状況を必ず理解しておかなければなりません。

多くの20代は、〝何となく〟給与明細に目を通しているだけで、こうした事実を見落としている場合が多いものです。あなたは大丈夫でしたか？

年収別 手取り額の推移（万円）

	500万円	850万円	1000万円	1500万円	2000万円
2012年	384	630	724	1016	1270
2013年	381	627	720	1008	1251
2014年	380	625	719	1006	1248
2015年	379	624	717	1004	1245
2016年	378	623	716	998	1237
2017年	378	623	716	994	1232
2018年	378	623	716	980	1218
2019年	378	623	716	977	1216
2020年	378	623	713	971	1210

引用元：NHK サクサク経済 Q&A「手取り、減っているんですけど」
https://www3.nhk.or.jp/news/special/sakusakukeizai/20171218/6/

「スタグフレーション」の世界がやってくる!?

さらに、日本の経済について20代が絶対に知っておくべきことがあります。

それは、「スタグフレーションの可能性」。なんだか小難しい言葉に見えますね。

スタグフレーションというのは、インフレーション（物価上昇）とデフレーション（景気停滞）が同時に起きていることを指す造語です。

「景気が下がるのに、物価が上がる」

シンプルにお伝えすると、そんな状況。つまり、賃金が変わらないのに物価が上がっていく、ということです。

多くの他国は、年々経済が成長しているため、おのずと年収が上がっています。一方で、日本は人口減少、さらには社会保障料が増大されることによって、賃金が実際には上がっていない。むしろ下がっているのです。

そうした状況にもかかわらず、物価は上がっていく……日々色々なものの値段が上

消費者物価指数と実質賃金指数の増減率の推移

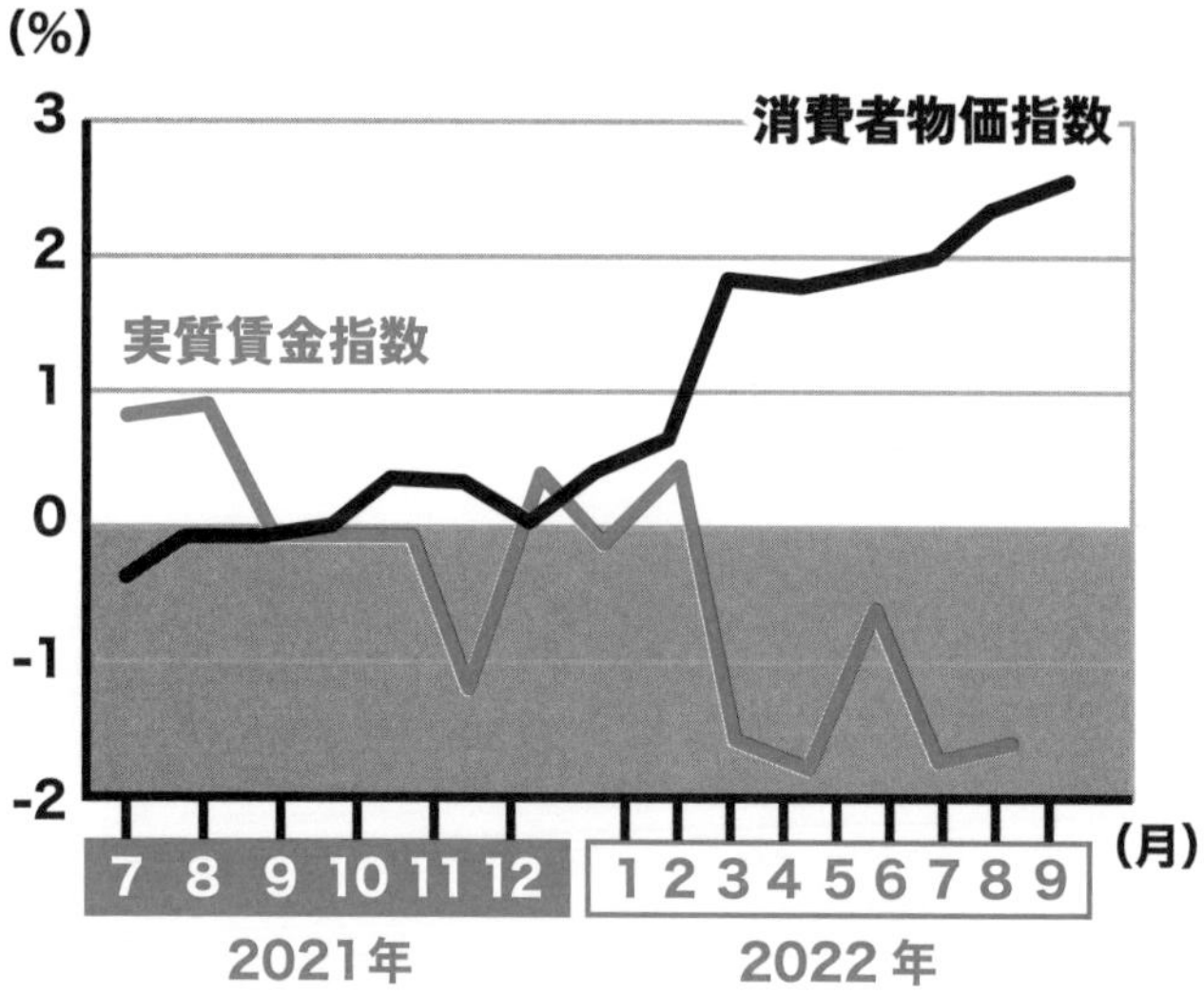

引用元：西日本新聞掲載記事より
※前年同月比。消費者物価指数は生鮮食品を除く。実質賃金指数の22年8月は速報値、9月は未公表。

がっているということです。

これはあなたも、日常レベルでダメージを感じることがあるはずです。

たとえば、コンビニに行ってもサラダの値段が上がっていたり、量が少なくなっていたり。「少ない給料じゃ、とても買えないよ！」というものが増えたり……。

日本という国の変化が、まわりまわって、あなたの日常生活に打撃を与えているわけです。「今の日本の姿」を他人事にしていてはいけません。

●貧困層が増大！ 富の「圧倒的二極化」

どんどん物価は上がっているのに、給料が上がらない……。

それが今の日本の状況なのです。

スタグフレーションの状況下にあると、貯金や少しばかりの節約をしても、物価の上昇がそれを上回り、効果を成さなくなってきてしまう可能性が高いでしょう。

すると、当然ながら「貧困層が増えていく」ということになります。

これからの日本では、富の「圧倒的な二極化」が起こります。

39ページの2つの図を見比べてみてください。上の図が「ベルカーブの世界」、下の図が「ロングテールの世界」と呼ばれるものです。このベルカーブの世界というのがある意味「昔の日本」の状況です。横軸が富で、縦軸が人数を表しているので、年収でいうと中間層が一番多く、それに対して貧困層と多くの富を持っている層が半々程度いるという状況が昔の日本でした。

それがスタグフレーションにより、下の図のロングテールの世界に近づいています。ロングテールの世界では、**貧困層が圧倒的に増えていき、上位層という富を持っている層がかなり少ない割合になっていきます**。これが現実的に起きるものだということを理解していく必要があるのです。

橘　玲氏は著書『無理ゲー社会』（2021年7月小学館）の中で、この2つの概念を紹介しました。

彼のWEBメディアの記事から、彼の言葉を少し引用します。

恐竜（ブロントサウルス）に見立てるなら、長く伸びた尾（テール）の端にとてつもない富をもつ者（イーロン・マスク、ジェフ・ベゾス、ビル・ゲイツ、ウォーレン・バフェット）がいる一方で、ほとんどの者はショートヘッド（恐竜の頭部）に集まっている。近年では、ロングテールは「上級国民」、ショートヘッドは「下級国民」と呼ばれるようになった。ベルカーブの世界とは異なって、ロングテールの世界では、「ふつう」に生きていてはショートヘッドの「下級国民」になるだけだ。そこから抜け出すには、「ふつう」ではないことをして、ロングテール（上級国民）を目指すしかない。

（2021年12月15日　講談社「現代ビジネス」記事より引用）

この二極化していく世界の流れは、当然のことながらあなた一人の意識でどうこうできる次元の話ではありません。あなたは、もはや止められない流れの中に置かれているのです。

そこで重要なのが、**「この流れの中でどう戦うのか、どうキャリアを作っていくの**

貧困層が増えていくこれからの日本

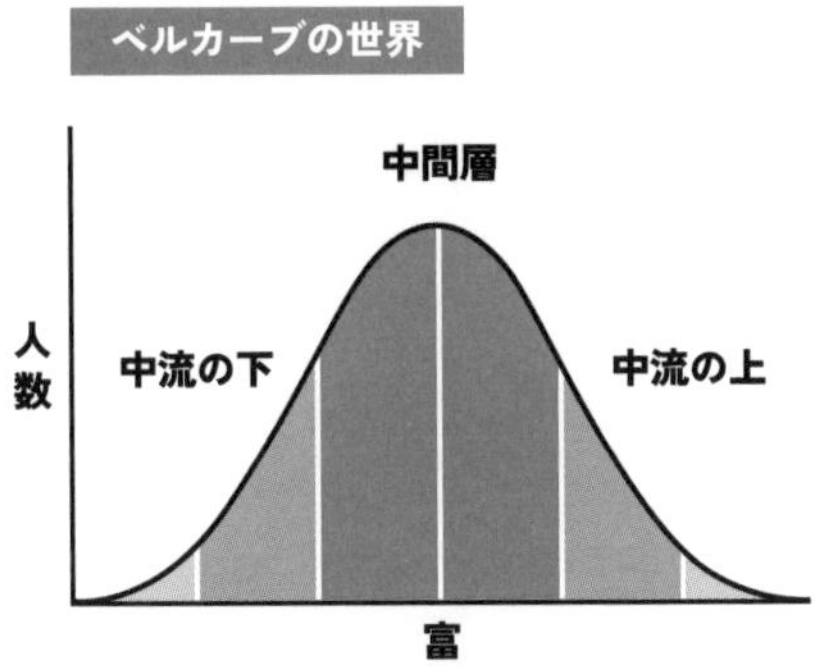

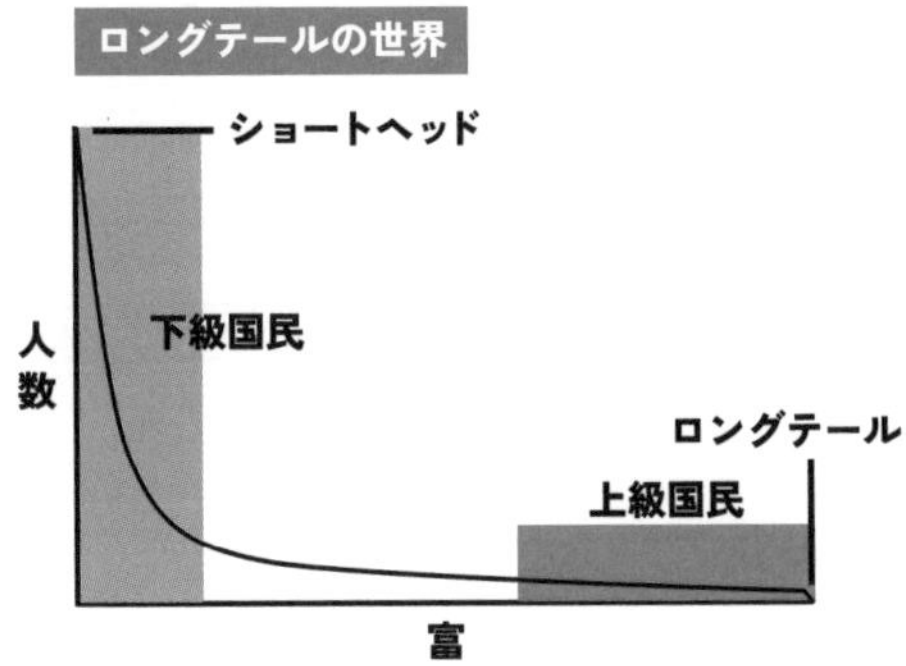

引用元：橘玲 公式Blogより

か？」ということ。自分自身の「キャリア戦略」を自分の頭で考える必要がある、ということです。

一部のエリートサラリーマンを除くと、サラリーマンとしての給料上昇はさほど望めないということは、あなたも薄々感じていたはずです。

そしてこれまでお話ししてきた日本の情勢……。

日本の経済はここ10年ほどで大きく没落し、今後のさらなる衰退もほぼ免れない状況です。

ここであなたが人生の選択肢を増やすためには、会社、サラリーマンというものに頼っていくのではなく、自分でいずれ何かをやっていく、自分で事業をやっていくような状況を作っていかないと、かなり厳しい状況になるでしょう。

いかがですか？「日本がなんとなくヤバそうだ……」とした漠然とした感覚から、より解像度の高くクリアで鮮明な理解に変わってきたのではないでしょうか？

「多様化」があなたを悩ませる

ここまで、日本社会の経済的な部分にフォーカスしてお話ししてきましたが、これより先は、社会の「価値観の変化」について見ていきましょう。

実はこれこそが、今の多くの20代がキャリア選択に頭を抱えてしまう〝直接的な理由〟とも言えるのです。

その最たるものとして**「あらゆることが多様化してきている」**ことが挙げられます。

「あらゆること」とは、ずいぶん大雑把なものいいだと感じましたか?

これは、働き方・生き方・価値観など、あらゆる分野において**「一つの正解」がなくなった**ということ。そうした世界を今私たちは生きているのです。今では、SNSやネットを通じて、簡単に他の人の価値観に触れることができますから、わかりやすいはずです。

働き方に関して言えば、かつての日本は「正社員」という働き方をスタンダードとする風潮が強かったかもしれません。

しかし、今はどうでしょうか？

契約社員、アルバイト、さらにはギグワークやフリーランス……まさに〝あらゆる〟形態の働き方が出てきていますよね。あなたの身近な友達、恋人、知り合いを例にとってみても、多種多様な働き方を選択しているのではないでしょうか？


さらに、生き方・考え方をとっても、従来のような「1つの場所に住み続ける生き方」や「都内に必ず住むべき」といった固定概念もなくなりつつありますよね。

実際に地方や海外に移住する方も増えてきていますし、その他、デュアルライフのような複数拠点で過ごす方も出てきました。ホテル暮らしを促進するHafH（ハフ）やADDress（アドレス）のようなサービスも出ていることから、居住地を定めずに暮らすスタイルも一般化されつつあります。


また、価値観の部分でも様々な変化が徐々に起きています。

たとえば結婚観。晩婚化が進んでおり、昔に比べると、結婚にこだわらない人も増えてきています。

「女性の社会進出」という面では、世界に比べて遅れてはいるものの、昔に比べて進んできました。

二〇一〇年頃「イクメン」という言葉が話題になりましたが、かつての日本では「女性が子育てをする」という共通の価値観がありました。しかし今では男性も子育てをするということが、徐々に浸透してきています。

仕事よりも趣味を重視していく生き方も増えてきました。収入にこだわるのではなく、ワークライフバランスを重視する価値観の浸透がうかがえます。

いろいろと並べてきましたが、このように、あらゆるものが「多様化」しているわけです。冒頭でもお伝えしたように「目指すべき共通のストーリーを失ってしまった」のです。

言い換えるとそれは「正解がなくなってきた」ということ。

この正解なき状況こそが、20代がキャリアに悩む理由になっているのです。

なぜなら、日本という国は長年、「答えを与える教育」、一つの正解を押し付けるような学校教育がなされてきていたからです。

どうしても私たちは「一つの答え」を求めてしまいます。

これは日本特有の現象といえます。

日本では「ゲーム攻略本」が非常に売れやすいことが有名です。「ゲームの面白さ」よりも「答え」を求めている典型的な現象ですよね。このように、日本人の多くが正解というものを求めてしまう傾向があるわけです。

ところが、大人になった途端「正解がない世界」に投げ出されてしまう……。

「自分がどうすればいいのかがわからない」という人が、非常に増えてきているというわけなのです。

「いい高校、いい大学、大企業なんかに入って定年まで行けば幸せだろう」という、「共通のストーリー」が崩壊してしまい、将来のイメージも湧かず、希望が持ちづらいわけですね。そのせいで、先行きが見えず、漠然と将来への不安を抱えてしまう。

それって、何もあなただけではないのです。これまで見てきた通り、社会的な背景から、そうなることは日本の若者の〝必然〟だったのです。

そして、こうした変化をネットやＳＮＳによって、今まで以上に目にすることが増えたことも、20代を悩ませる要因でしょう。

●かつての私も

なぜ20代の方は、キャリアを見直さなければいけないのか？　そして20代がキャリアに悩む理由に関してお伝えしてきましたが、実は私自身も、世の中や親が良いとするような人生、いわゆる「レールに敷かれた人生」を歩んできていた過去があります。

それなりの大学に進学して大企業に入る……。

そんなありきたりな道を歩んできた私に転機が訪れたのは、28歳の時です。会社を辞めて独立し、現在では、

・営業代行事業

・人材紹介事業
・不動産事業
・英語専門塾
・独立支援事業
・講座プロデュース事業

などを展開。最近では、「キャリアコーチング事業」などの経営、そして100名以上の「何もなかった20代」と事業を構築しています。仕事はほぼリモートで行っているため、好きな時に好きな場所で仕事をしています。

今でこそ様々な事業をして、好きなように仕事をしていますが、20代の時は「どのようなキャリアを歩むべきか」で非常に悩んでいました。多くの20代が抱えるキャリアへの悩みは、実体験からもよくわかるのです。

それだけでなく、今では1000名以上の20代コミュニティの運営なども行っています。そこで、20代のあらゆる悩みに、実際に触れてきたからこそ、誰よりも、「20代のためのキャリア選択」について、詳しく語れる自負があります。

かつての私の話に戻しましょう。

大企業にいた私は、社内に憧れる上司はごく少数でした。そして当然なのですが、その憧れる上司を自分の上司として選ぶことができない、という状況でした。

また、私の勤めていた会社の営業職では、歩合の割合が大きかったため、将来管理職になることで給料が逆に下がる場合もあるということも、悩みの原因になっていました。

実際に、管理職になり年齢が上がったにもかかわらず給料が下がってしまうケースを目の当たりにした時には「自分がこれから結婚して子どもをつくったり、家を買ったりした時に果たしてお金は大丈夫なのか」と不安になったものです。

転職エージェントに相談をしたこともありました。私は住宅の営業をしていたのですが、エージェントからは「今以上に年収を上げようと思った場合は、外資系のフルコミ営業ぐらいしかないです」と言われたものです。ただし職種を変えると未経験になるので、給料は2／3程度にまで下がります。

一方で、会社に残った場合は？　いつ転勤になってもおかしくない、住む場所も自分で決められないという状況です。長期の休みもなかなか取りづらく、夏休みや正月休みでも五日ほど。視野を広げるために海外、ヨーロッパやアメリカなどのアジア圏外に行こうと思っても、なかなか難しいわけです。

そして営業職だったこともあり、帰る時間も遅く、やりたい勉強にもなかなか時間を充てられない。独立やフリーランスを目指すにしても、何から始めればいいか、そもそも自分が何をしたいのかも〝いまいちわからない〟のです。

28歳から激変した私のキャリア

そうした悩みの中で、私はあらためて「何が嫌なのか、なぜ今の会社にいることが嫌なのか」を自分自身に深く問いかけました。

その結果、3つの大きな原因に行き着きました。

1つ目は、**「働く人」を自分で選ぶことができない**こと。
2つ目は、**「働く場所」を自分で選べない**こと。
3つ目は、**「働く時間」を自分でコントロールできない**こと。

この3つが、今、会社員として働くことが嫌になっている原因であると考えたのです。

まず、「働く人」に関しては、私の場合「誰と働いているか」で自分のメンタルの状態や、得られるものも大きく変わると感じたからです。

〝尊敬できる上司〟と働いている時は、非常に良いパフォーマンスを出すことができ、仕事も楽しいものでした。

逆に、〝尊敬できない上司〟と働かなければならない時は、仕事がものすごく苦痛で、自分自身のパフォーマンスも大きく下がってしまいました。

このように、私にとっては**「誰と働くか」が非常に大きいポイント**であり、それを自分で選べないことは重大なストレスだと感じていたのです。

そして「働く場所」。私は入社後、栃木県に配属されましたが、運が良かったこともあり、入社4年目に東京に異動することができました。とはいえ全国転勤の会社だったので、今後どこに飛ぶかもわからない。

栃木県がすごく嫌かというと、そういうわけではないのですが、知り合いや友達もいませんし、さらに、何か新しいことを始めようと思った時に、大抵は東京や大阪などのメインの都市で何かが始まることが多かったので、視野を広げづらいということも不満でした。

「働く時間」をコントロールできない点にも、ストレスを感じていました。何か勉強したいと思った時に終業時間が遅く、新たな体験や経験をしたいと思ったとしても、長期の休みを自分で取ることもできないわけです。

「嫌な状況を無くす」、つまり働く人、働く場所、働く時間を自分でコントロールできるようになるには、普通の会社や会社員ではほぼ難しいと気づきました。そうして私は、「独立しか道はない」と考え、自分で、何かを立ち上げ、運営するという道を選択したのです。

28歳で退職し、会社員を辞めました。

そして30代を迎えた頃、会社員の方から、以前の私と同様の、疑問・不安・悩みを聞くことが増えました。

「そうか……こうした悩みは私だけが抱えているものではなかったのか」

そう気づいたのです。

そして、かつての私と同じような悩みを持つ方に対して、何か支援をしたいという思いが芽生え、「独立支援の事業」に挑戦しました。

相談者の方と向き合い続ける中で、ある一つの課題に直面します。

それは、〝自分一人〟で事業を行うことは、ハードルが高く、難しいという点です。

そこで、私自身の事業をサポートしてもらうべく、「業務委託契約」という形態で、相談者の方と一緒に、仕事をすることで、「フリーランスを育成する事業」を立ち上げるに至りました。その結果、前述の通り、様々な事業を展開することに繋がりました。

私はこの6年間、「独立支援事業」や「人材紹介事業」にも取り組んできました。

しかし、これらの事業には、新たな問題が見受けられました。

独立支援事業に相談に来た方は、独立支援の方向性に。人材紹介事業に相談に来た方は、「転職に考えが寄ってしまう」ということです。

もちろんできるだけフラットに相談に乗る意識はしているものの、人材紹介事業に関しては転職をしていただかないことには会社としては利益にならないこともあり、営業マンによってはなかなかフラットに相談に乗ることが難しい部分もありました。

その課題を解決すべく、まず考え方と事業内容を変更しました。分野にとらわれずに、よりフラットに広い視野で、キャリア・生き方の方向性の悩みを抱えた方に向けて、キャリアコーチングの事業として進めることにしました。


今回の書籍は、そのキャリアコーチング事業で既に関わっている方以外にも、より多くの方にキャリア・生き方の方向性の悩みを抱えた方へのサポート・手助けになればと思い、執筆させていただきました。

第１章のまとめ

・キャリア戦略を考える前に、まずは日本の現状を理解する必要がある。

・かつては「日本企業で働くこと」が正しい時代があった。

・現在の日本企業は世界の中で遅れをとっている。

・「日本企業に居続ける」という戦略は現代では適切ではない。

・日本の人口は減少傾向にあり、２０５０年には約１億人にまで減少する見込み。

・人口減少は「あなたのお金が搾取される」ことに繋がる。

・「少子高齢化」が医療費の負担増加をもたらし、社会保障費が増大する。

・「国民皆保険」制度は高齢者の医療負担を減らし、若者の税負担を増やしている。

・社会保険料は給与から天引きされており、知らない間に搾取されている。

・これから富の「圧倒的な二極化」が起こる。

・現代は、生き方が多様化しており、「一つの正解」がなくなっている。

・答え探しの教育で育ってきた20代が「正解がない世界」で悩むのは当然。

第2章

20代が身につけるべき「2つのM」

●20代キャリア戦略の大原則

いよいよここから、本題の「20代が取るべきキャリア戦略」についてお話ししていきましょう。

まず覚えておいていただきたいのが、20代キャリア戦略の「2つの大原則」です。

原則1：**「自分を知る」**
原則2：**「相手（マーケット）を知る」**

この2つの原則に基づき、戦略を立てます。

これは、キャリアに限らずあらゆる分野にも通ずる大原則ですので、ここでしっかりと押さえておきましょう。

「『自分を知る』ことが大事」……これはよく言われていることではありますが、実際には多くの人が〝自分自身のこと〟について、あまり理解できてはいないものです。まずは自分について適切な理解がなければ、キャリア選択の際に、自分とは合わない戦略を選んでしまって、結局はすぐに辞めてしまうのです。

「なんとなく会社と自分の相性が悪いな」
「自分の苦手な業務ばかり担当している気がする」

若いビジネスパーソンたちから、そんな声をよく聞きます。こうした問題は、もう少し自分のことを正しく理解できていれば、防げたかもしれません。

「彼を知り己を知れば百戦殆《あや》うからず」

これは中国・春秋時代に活躍したとされる軍事思想家「孫武《そんぶ》」が紀元前500年頃に書いた兵法書『孫子』の中の、有名な一節です。

『孫子』といえば、ソフトバンクの孫正義社長が愛読書として挙げていることでも有名です。
今からおよそ2500年前の中国で書かれた書物が、いまだに多くの成功者に読み継がれている。いつの時代にも通用する普遍的な内容が『孫子』には凝縮されています。そしてその中では、「自分を知り、相手を知ること」の重要性が説かれているわけです。

『孫子』でも言われているように、己を知った後は「相手を知ること」が重要です。キャリア選択に当てはめると、相手というのは、自分が置かれているマーケット（市場）になります。

マーケットを理解することによって、同じ努力でも全く違う成果が得られます。実際に、先ほど触れた孫子の兵法を活用して、戦力差を覆し、歴史に名を刻んだような戦いは数知れず存在します。

キャリア選択においても同様のことが言えますね。年収というのは、実は能力よりもその業界によって大きく変わります。たとえ同じ能力でも、〝どの業界にいるか〟によって、得られる金額が変わってくるのです。

つまり、自分とマーケットの相性を有効に組み合わせることができたのならば、「能力以上の収入や立場を得ること」は、十分、戦略的に狙えることなのです。

これだけでは、まだイメージが湧かないでしょうか？

たとえば、一人あたりの生産性が高いといわれるような業界（M＆A、コンサル業界など）は、生み出す利益が比較的高い業界です。

それとは対照的に、飲食業界などの一人あたりが出せる利益が、比較的そこまで大きくない業界もありますよね。

その結果、同じ能力だったとしても、〝どの業界にいるか〟によって得られる報酬は大きく変わってくるのです。

ですから、この「マーケットを知る」ことが、キャリア戦略を考える上で、重要な鍵を握っているというわけです。あなたが、キャリア選択の上で、何を重要視するかにもよりますが、仮に「年収を高くしよう」と思えば、業界の利益率といった構造への理解が必要なのです。

そのほか、自分がどの働き方を選びたいかによって、当然選ぶ職種も変わってきます。たとえば、店舗系の仕事を選択すると、「リモートワーク」することが比較的難しくなります。（※店舗系の仕事だとしても何年か経験した後に店舗コンサルタント等になるとリモートワークも可能ではありますので、リモートワークが絶対にできないわけではありません。）

今は働き方も多様になっているため、自分と働き方とマーケットを知っておく、知って戦略を練っていくことこそ、これからの20代が考えておかなければいけないことです。

- **自分を知る**
- **マーケットを知る**

まずはこれが「大原則」であるということを頭に叩《たた》き込んでください。細かい話はその後からです。

「点」と「線」を意識する

2つの大原則を念頭に置き、次は「時間軸」を意識します。

もう少し噛《か》み砕いて言えば、**「長期目線」を意識する**ことです。


長期目線とは？

今の時代は「人生は100年時代」などといわれています。テクノロジーの発達や医療制度の充実に伴い、人類の寿命が延伸傾向にあります。

「人生を100年」と仮定すると、60歳で定年したとしても、残り40年以上も生きなければなりませんよね。

第1章でもお伝えしたように、この国の経済成長は、期待できる状況にありません。

さらに、少子高齢化の影響もあるので、社会保障（年金等）だけをあてにすることも難しいでしょう。

現代は、非常に変化が早い時代であり、ＶＵＣＡ（ブーカ）とも言われています。これは、変動性（Volatility）、不確実性（Uncertainty）、複雑性（Complexity）、曖昧性（Ambiguity）という言葉の略称で、時代の変化が非常に激しくなり、将来の予測が難しくなっている状態のことです。

ＩＴ技術の進化で大きく変わった社会構造。今後はＡＩの発展などもあり、それによって失われる業界も、また逆に新たに生まれる産業も出てくるでしょう。

このように「変化が起きる」と考えられることでも、それがどのくらいのスピードで起こるかというと、予測が難しくなります。また、コロナ禍を体験した私たちは**「予測できないようなことが突然起こり、社会が変化する」**ということも学んだはずです。

そんな時代の中でキャリア戦略を立てるために重要なファクター……それが本書で提唱する「２つのＭ」です。

●20代が身につけなければならない「2つのM」

ずばり「2つのM」とは、

1 **セルフマーケティング（Self-Marketing）**

2 **セルフマネジメント（Self-Management）**

のこと。Marketing と Management のMです。

セルフマーケティング能力とセルフマネジメント能力という2つの能力をしっかり身につけていくことが、20代が自分のキャリアをうまく築いていく上で重要なのです。

●「マーケティング思考」を鍛えて変化の時代を生き抜く！

セルフマーケティングとは、マーケットを知り、状況に合わせて自分をどの立ち位

置に持っていくのかを考えることです。

2つのMのうち特に重要であり、戦略の軸となるのがこのセルフマーケティングです。

前述のように、キャリア戦略を立てる上での大原則は「自分を知り、相手を知ること」。これはまさに「マーケティング思考」そのものです。

自分をしっかり理解していれば、マーケットの中で自分がどのように優位性を持つことができるのかがわかります。

そして「相手を知る」こととは、すなわち「マーケットを知る」ということになります。

変化の激しい時代において、マーケットの様相も目まぐるしく変わってくるのは当然のことです。

時代に合わせて求められる業種、そして人材やスキルが変わってくるわけです。

資本主義社会だと、どうしてもスキルと商品がコモディティ化（市場価値が下がって一般化してしまうこと）してしまいます。多くの人が「このスキルが重要だよね」と、その需要が高まることで、いずれそのスキルを持つ人が飽和してしまい、スキル自体の価値が下がっていくという構造になっています。

たとえば、WEBデザインであれば、学ぶ人が増えてくると、依頼する側からしたら安くていいデザインを作ってくれる人にお願いしたいというニーズが高まってきます。なので、同じようなスキルを持っている人が増えれば増えるほど、単価も低くなっていきます。

結局商品やサービスは全て、この資本主義社会において、どんどんコモディティ化が進むという事実をしっかり理解する必要があります。

何が時代に求められているのかを見極め、それに合わせて変化していかなければ、競争激化に晒《さら》され厳しい状況になるわけです。

●成果を出すためには「セルフマネジメント」が必要

「セルフマネジメント」とは、自分で自分をコントロールし成長させていくことです。

第1章でお話ししたように、これからはスタグフレーションが進行して、国内の経済状況が厳しくなることが予想されます。

「景気が悪い」「給料が上がらない」「でも物価はどんどん高くなる」……。

このような状況に影響されて、メンタルがやられてしまう人も。

事実、今の世の中では、「うつ病」や「メンタル疾患」が増えています。これからはそうした傾向が、ますます強まるでしょう。

自分を適切にコントロールできなければ、簡単に〝潰れて〟しまうのです。

そこで、自己の管理、つまり「セルフマネジメント」が必須となるのです。

セルフマネジメントがしっかりできていないと、当然会社の中でも結果を出すことはできません。

では、「セルフマネジメント」とは具体的にどんなことをするのか？

もう少し詳しく見ていきましょう。

色々な定義ができますが、私はセルフマネジメントの実践は大きく5つに分類できると考えています。

1つ目は**「時間管理」**
2つ目は**「体調管理」**
3つ目は**「モチベーション管理」**
4つ目は**「メンタル管理」**
5つ目は**「マネー（お金）管理」**

この5つです。これらをきちんと管理できていなければ、成果を出すことはできません。当たり前のことですが、成果が出なければ報酬も得られず、仕事を続けていくこともできません。

自己管理をきちんと行っていくことは、キャリアを築いていく上で非常に重要なわけです。

●「お金の知識」を身につける

マーケティングとマネジメントの重要性はおわかりいただけたかと思います。

実はこの2つのほかに、もう一つ、プラスアルファの「M」があります。

それは**「セルフマネーリテラシー」＝お金の知識**です。


なぜセルフマネーリテラシーを身につける必要があるのでしょうか。

それは「最低限のお金の知識がないと身動きすら取れなくなってしまう」からです。

私は会社員時代に、住宅を売っていましたが、何も考えずに購入する人が多い実状を目の当たりにしてきました。そのため、多くの人が、簡単に長期のローンを組んでしまいます。中には私の同期でもローンが足枷《あしかせ》となり、なかなか自分で何か始める事に対して踏み出せなくなり、思い切った転職ができなくなっているというケースもありました。


たとえば、何か新しいスキルを身につけようと思った場合には、「年収が下がってでも転職をして、そこでスキルを身につける」という選択も、キャリア戦略としてはあり得ます。

しかしこの時に住宅ローンを組んでしまっていたとしたら……。

絶対に払わなければならないお金が出てくるので、年収が下がるのは許されない。身動きが取れないということにもなりかねません。

住宅だけではありません。

私の知り合いで不動産投資のマンションを買った方がいたのですが、悪質な業者に捕まってしまった事もあり、もし購入した不動産を売った場合には半値以下になってしまう。さらに言えばこの方は毎月の運用自体もマイナスになってしまっていました。そうすると、投資用の不動産でも毎月のローンを組んで買うので、それが足枷となってしまいます。

こうした事例もあるので、最低限の知識はつけておく必要があります。

ただし、ここで注意して欲しいこともあります。

「お金」を最優先にしてしまうと、人生の歯車がおかしくなるケースもあるのです。

たとえば、給料が高い企業に入ったものの、メンタルがおかしくなってしまえば、幸せにもなれません。

その一方で、お金がなければ生活が困難になってしまうので、正しくお金という存在を理解していきつつ、自分に必要なお金をちゃんと得ていくことが重要です。

そのためにも**お金とは、どういうものなのかを知り、どうすればお金を得ていくことができるのか？　それらを理解する**のです。

ここまでで、「2つのM」、そしてプラスアルファのMの重要性をおわかりいただけたでしょうか？

第3章からは、より詳しく、これらのMをどうすれば身につけられるのかをお話しします。

20代が身につけるべき「M」

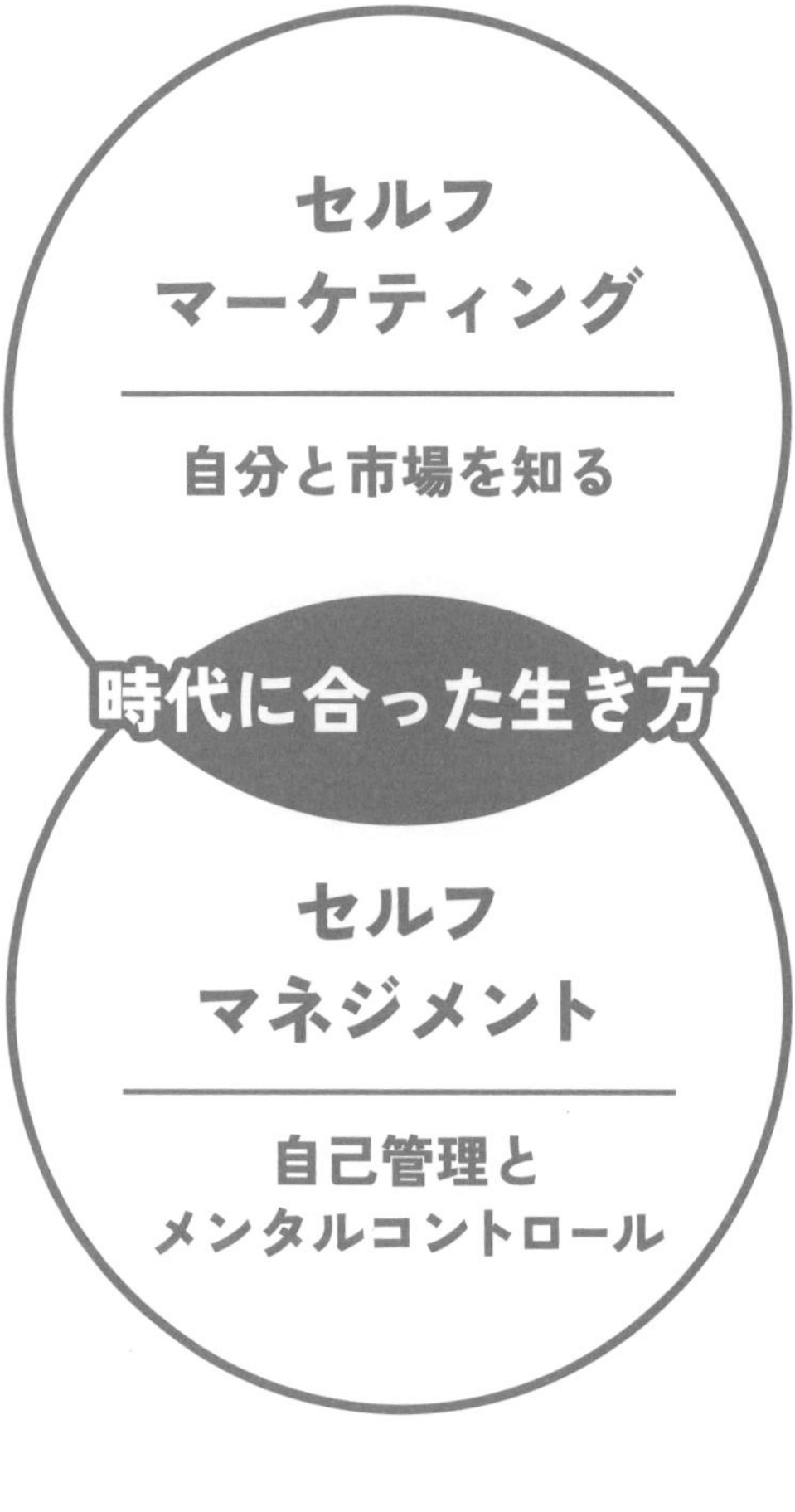

第２章のまとめ

・キャリア戦略を立てるためには「２つのM」が重要。

・２つのMとは、「セルフマーケティング」と「セルフマネジメント」である。

・「セルフマーケティング」とは、マーケットを知り、状況に合わせて自分をどの立ち位置に持っていくのかを考えること。

・「セルフマネジメント」とは、自分で自分をコントロールし成長させていくこと。

・時代の変化に合わせて求められるスキルが変わる。

・トレンドを見極め、変化に合わせてマーケティング戦略を立てることが競争に勝つために必要。

・自己管理をきちんと行っていくことはキャリアを築いていく上で非常に重要。

・お金の知識は必要不可欠。最低限の知識がないと身動きが取れなくなる可能性も。

第3章

セルフマーケティング（自己分析編）

●「やりたいこと」なんてなくていい

本章では、「2つのM」の一つ目「セルフマーケティング」における「自己分析」についてお話しします。

自己分析……つまり、自分自身を理解する、という工程ですね。

自分自身を理解していなければ、たとえマーケットが求めていることであっても、その仕事を〝継続〟できなくなります。

自分を理解するために私が推奨したいのが、

「自分にとって嫌なことを考える」

という方法です。

「自己分析をしよう」と言って、自分の〝やりたいこと〟や〝好きなこと〟を考える人がいます。「自分のやりたいことって何だろう?」「自分が本当に好きなことって何だろう?」と考えてみる。しかし、そうした取り組みは得策とは言えません。

なぜなら、**探して見つかる「やりたいこと」は「本当にやりたいこと」ではないから**です。

今やりたいことが見つかっていないあなたが「やりたいこと探し」をする。そこで見出した「やりたいこと」は、全て「過去の延長線上」から生み出されたものです。

実は私も独立する前は、懸命に「やりたいこと探し」をしている20代の一人でした。その結果、私が見つけた「やりたいこと」は、「スポーツ経営」。これは、私が学生時代にスポーツをやっていたという過去の経験があるためです。ところが独立してからは、その「やりたいこと」はまったく違うものへと変わっていきました。

一つ例を挙げると、それは現在取り組んでいる「教育事業」です。

ラオスやカンボジアで学校づくりプロジェクトに参加した経験から、教育の重要性

やりたいことは新しい経験とともに変わっていく

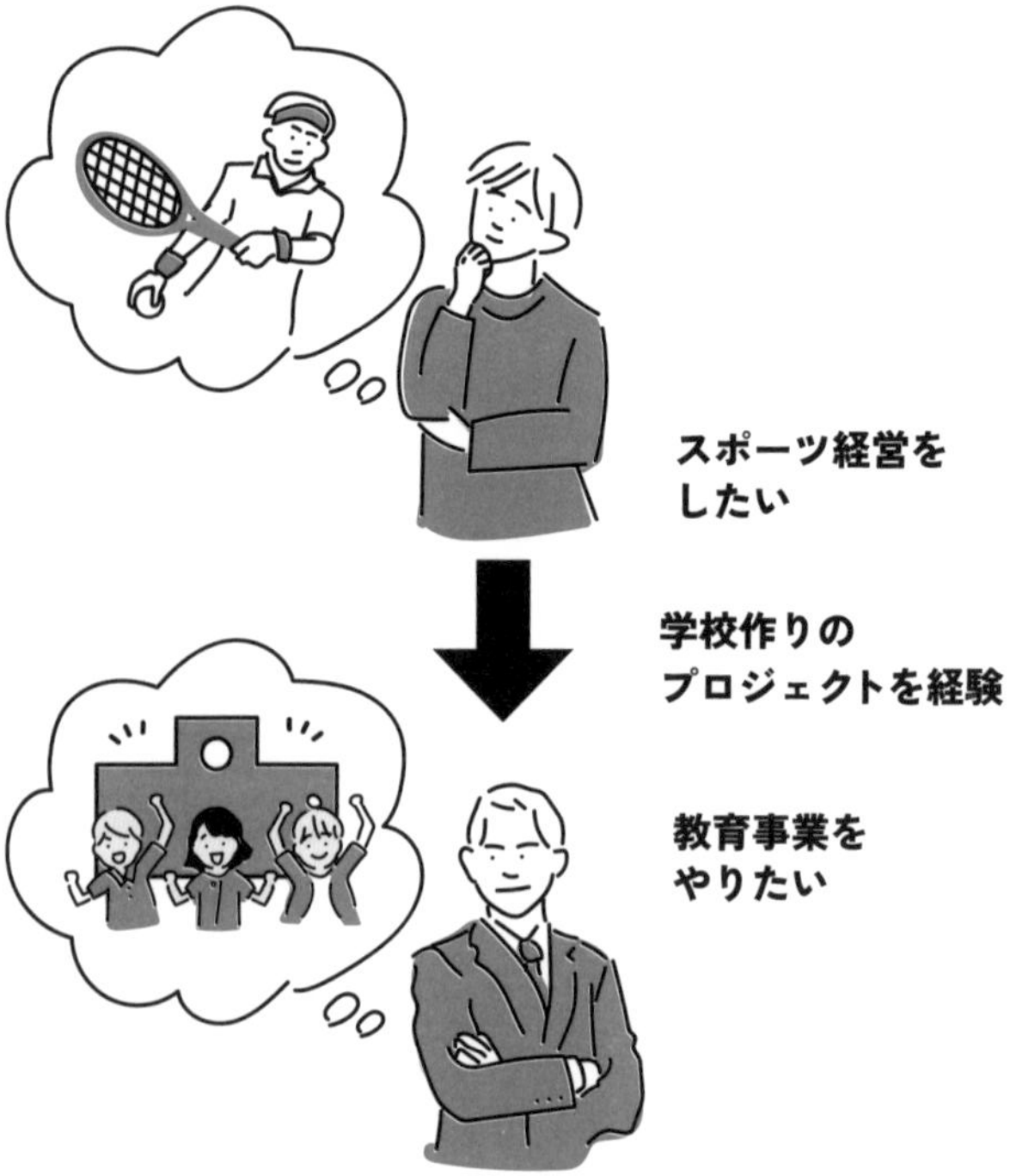

を知り、教育事業は自分の「心からやりたいこと」の一つになりました。

元々そんなことは思ってもいなかったのですが、新しい体験をする中で、「スポーツ経営」よりも何よりも「教育事業」をやりたいと思うようになったのです。

こんなふうに、これからあなたが世の中で多様な経験をしていく中で、今は気づいていない、**過去の延長線上にはないまったく新しい「本当にやりたいこと」が出てくる可能性は、大いにあります**。

そう、「本当にやりたいこと」は、探しても、そうすぐに見つかるものではありません。たくさんの経験をする中で、勝手に浮き出てくるものなのです。

「やりたいこと」＝「得たい人生」ではない

もう一点、やりたいことを無理矢理探してはいけない理由があります。

「今思いつく『やりたいこと』をやった先が『得たい人生』になるとは限らない」

これがその理由です。

「将来、カフェを出したい！」

これは私が多くの20代から聞く、「やりたいこと」の一つです。

そこで私は少し意地悪な問いかけをします。

「もし店を出せたとして、給料は15万円、週6勤務、嫌なスタッフと働かなければならない。そんな状況だとしたら満足ですか？」

多くの方は「NO」と答えます。

いかに「やりたいこと」をやれたとしても、自分が「得たい状態」を作れていなければ、現状に満足することはできません。現状に満足することができなければ、やりたいことを〝続けていく〟ことはできないのです。

「得たい状態」を作れなければ、「やりたいこと」は続かない

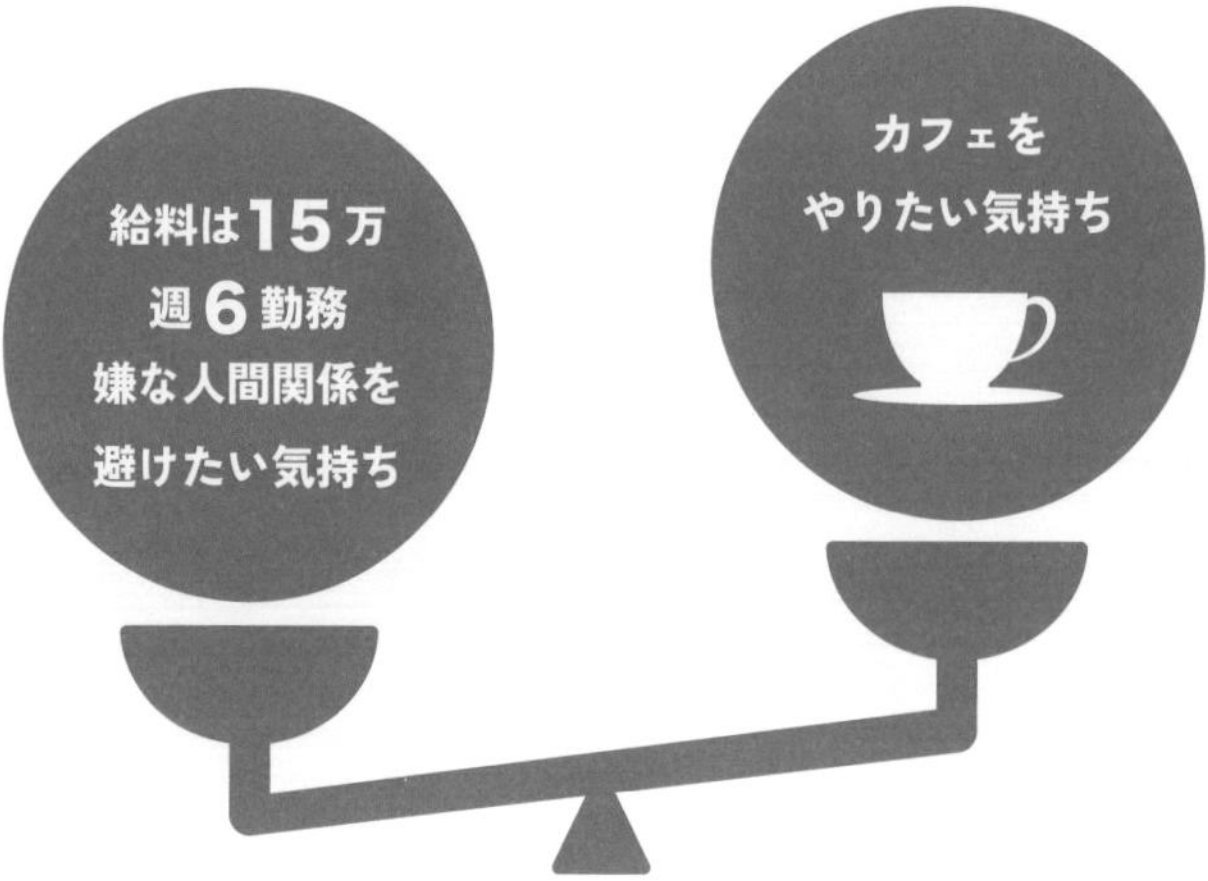

そう、**「やりたい事を考える」ことより、まずは「嫌なことがない状態を作る」ことが大切**なのです。

だからもしあなたが「今の時点でやりたいことがない」という場合でも、別に思い悩む必要はありません。無理して考える必要もありません。

先ほども述べたように、**様々な体験や経験をしていく中で、「本当にやりたいこと」は、〝勝手〟に見えてきます**から。

反対に、さまざまな体験や経験がない中で無理矢理絞り出した「やりたいこと」は本当にやりたいことではない可能性が高いのです。

将来に悩んでいるあなたが、まずやるべきことは、**「自分が嫌なことを知ること」**です。

「嫌なこと」を知るべき根拠

ここまでの話を聞いても、「嫌なことのために行動なんてできるのか？」と思われるかもしれませんね。

そんなあなたのために、ある事実をお伝えします。

実は人は**「やりたいことをやる」よりも「やりたくないことをやらない」ことを目標にした方が行動しやすい……**という原理です。

1979年にダニエル・カーネマン氏、エイモス・トベルスキー氏によって提唱されたこの原理は「プロスペクト理論」と呼ばれ、ノーベル経済学賞を受賞し、マーケティングの戦略にもよく応用されるものです。

「先着○名様限定のお得なキャンペーン実施中」

広告やチラシでこのような文言を見たことがあるでしょう。

これはまさに「プロスペクト理論」のテクニックを使って、「嫌だ」という気持ちを引き出し、顧客を購入というアクションに導いている例です。

「先着でお得なキャンペーン実施中」→「今買わなければ損をする」→「損はしたくない」というマイナスを回避する思考が働き、人の購買行動を喚起するのです。

このように、**人間は損を避けることを優先する**傾向があります。

「損をすること」……嫌なことですよね。

たとえば、株式投資で利益が出ている時に、「嬉しい」と感じる反面、「この先、株価が暴落して損したらどうしよう」と不安に感じる人もいます。

そんな場合、「さらに株価が上がり、利益がもっと増えるかもしれない」という気持ちと比べて、「損したくない」という気持ちのほうが強くなるのです。

その結果、損失を回避したい心理から、将来の利益よりも損失の回避を優先して早めに株式を売却して利益を確定させようとします。

「嫌なことの回避」を行動の軸に置くことは、プロスペクト理論の原理から、科学的にも証明されているのです。

●自分を理解するための5つのステップ

まず「嫌なこと」を見つける、ということの合理性をおわかりいただいたところで、ここからは実際に、「自分の嫌なこと」を軸に、自分を分析してみましょう。

自己分析に必要な具体的なアクションを5つのステップで説明していきます。「まだイマイチよくわからない」という方も、騙《だま》されたと思って、今からお伝えする5つのステップをたどってみてください。

ステップ1

「嫌なこと」と「解決策」を10個書き出す

まずは、自分が嫌なことを書き出してみましょう。最低10個は出してみてください。

（例）自分自身が嫌なこと
・満員電車が嫌
・尊敬できない上司の元で働くのは嫌
・休みを自分で決められないのは嫌

「何が嫌か？」は人それぞれです。

満員電車がすごく嫌だという人もいれば、別にさほど苦じゃないという人もいるでしょう。人によって感じ方が違うので、**他の誰かの基準ではなく、また世の中一般的に嫌なこととされているものに限らず、「自分にとっての嫌なこと」を純粋に書き出していくこと**が重要です。

もし、今の段階で思い浮かばない方がいたら、日常の中で少しでもストレスを感じたことを、その都度**「嫌なことリスト」**に追加していきましょう。

多くの日本人は「我慢することが美徳」「嫌だと言わないことが偉いこと」という教育を受けてきています。そのため、ある意味不感症になり、自分は何が嫌なのか、わからなくなってきてしまう人もいます。そんな人こそ、自分の気持ちに意識的に目を向け、「何が嫌なのか」を考え、メモをしてください。

10個以上「嫌なこと」を書き出したら、今度はそれがどうすれば回避できるのか？解決策を考えてください。

（例）「満員電車が嫌」を解消するには？
解決策：満員電車に乗らなくて済むようにする
↓得たい状態：場所を問わず働ける状態

（例）「尊敬できない上司の元で働くのは嫌」を解消するには？
解決策：嫌な人の元で働かなくて済むようにする
↓得たい状態：自分で一緒に働く人を選べる状態

ステップ1「嫌なこと」と「解決策」を10個書き出す

嫌なこと	解決策

このように、**どうしたら嫌なことが回避できるのかを書き出すことで、自分の「得たい状態」が見えてきます。**

満員電車が嫌な人は「場所を問わずに働ける状態」、尊敬できない上司と働くことが嫌な人は「自分で働ける人を選べる状態」が「得たい状態」になります。

ステップ2

「得たい状態」を手に入れるための方法を考える

ステップ2では、「嫌なこと」から「得たい状態」を考えます。

ステップ1で書き出した「嫌なこと」の中で、嫌な度合いが高い、優先して回避していきたいものを3つ挙げます。

さらに、それらを解消する「得たい状態」を手に入れるにはどうしたらいいのかを考えていきます。

具体例として、「場所を選べる」「人を選べる」「時間を選べる」が得たい状態であれば、それをどうしたら手に入れることができるのかを考えてみましょう。

「場所を選べる状況」を作ろうと思ったら……。
・リモートの仕事に就く
・大企業ではなく、融通が効きやすいベンチャー企業に就職する
・フリーランスとして独立する
などの選択肢が考えられます。

「人間関係を選べる」はどうでしょうか?
・フリーランスとして独立する
あるいは、
・業務委託で、案件ベースで働く
なんていうのもいいかもしれませんね。

「時間を選べる状態」であれば……。

ステップ2「得たい状態」を
手に入れるための方法を考える

得たい状態	手に入れるための方法

・時間を選んで仕事ができる雇用形態（フレックスタイム制度など）を見つける
ということで解決できるかもしれません。
このように**「得たい状態」を手に入れるために、「どんな仕事をどのような形でやっていく必要があるのか？」を洗い出していきます**。

ステップ3
自分の強みを見つける

ここまでで「嫌いなこと」、そしてそれを回避するための「得たい状態」についての理解が深まったはずです
これらは、自分はどうしたいか？　という「主観的」な部分。
次に考えるべき点は、「客観的」に見た「自分の長所＝強み」です。
自分は人より何が秀でているのか？　ここでは、自分の市場価値について確認していきましょう。

私は、**苦手なことを克服するための努力に時間を費やすよりも、得意なことを伸ばす努力に時間を費やすべき**だと考えています。

同じ「努力」でも、苦手を克服するというのは「自分自身にフォーカスした努力」。それよりも、得意なことを磨いてより良い成果を出すという「周りへの影響にフォーカスした努力」のほうが、他者に対する貢献度合いも高く、評価もされやすくなります。

努力の軸となる「得意なこと」は、

・**あまり頑張らなくてもできてしまうこと**

・**さほど頑張っていなくても成果が出てしまうこと**

を基準として考えていきます。

「頑張らなくてもできてしまう」ということは、「先天的にセンスがある」可能性が高いからです。

ただし、「頑張らなくてもできる」という基準は、客観的に自分を見る必要があり、意外と自分自身で判断することは難しいかもしれません。

そんな時に有効なのが、

「自分の長所や強みを『長所』と『短所』の両側面から見てみる」という方法です。

「あなたの長所はどこ？」と聞かれると回答に時間がかかりますが、「短所はどこ？」と聞かれると、パッと思い浮かぶという人は多いでしょう。

そこで、まずは自分の「短所」を挙げます。

・細かい作業が苦手
・ジッとしていられない

そんな短所が挙げられたとします。

ここで重要なのが、**「長所は短所と表裏一体である」**ということです。

自分の長所は短所とも言え、短所は長所とも言えるわけです。

「短所」を裏返して言い換えることで、自分の「長所」が見つかるのです。

・細かい作業が苦手　↓　大胆な行動ができる
・ジッとしていられない　↓　行動力がある
・おしゃべり　↓　人と接するのが好き
・優柔不断　↓　思慮深い

などなど、短所は言い方を換えれば長所になるのです。

自分の短所だと思われる部分に、長所が隠れている。

「短所」をリストアップして、その裏に隠れている「長所」を考えていくと、自然と自分の長所を見つけていくことができます。


いかがでしたか？

この3ステップをきっちりと実践した人は、次の3つについて自分を知ることができます。

ステップ3
自分の強みを見つける

頑張らなくてもできてしまうこと	
短所	**短所の裏返し（長所）**

①自分の嫌なこと
②自分の「得たい状態」とそれを得るための方法
③「得たい状態」を手に入れるための自分の強み

これらは、これからみなさんがセルフマーケティングを行うにあたって、重要な武器となります。3つの要素をしっかり整理しておきましょう。

ステップ4
得たい状態を得るための具体的なアクションを考える

さて、ここまで自分のことがだんだんとわかってきたかと思います。

ステップ4では①〜③の材料を使って、「嫌なことがない状態」を実際に作っていく方法をお伝えします。

まず先ほどのステップ2で考えた状態にするため、どういう仕事を選んでいく必要があるのかを考えてみましょう。

まずは「得たい状態」を作れる可能性がある仕事をピックアップし、その中でステップ3で書き出した自分の長所が活かせそうなものを一度選んでいただけるといいでしょう。

たとえば得たい状態が、「場所を選べる状態にしたい」で、そのためには「リモートワークをする必要がある」という事であれば、まずはどんな仕事であればリモートワークをすることができるのかを洗い出してみます。

今回の例であれば、プログラミング、デザイン、映像、ライティング、経理、事務、営業などがリモートワークできる仕事としてあり得ますが、その洗い出した中で自分の強みが一番発揮できそうなものをまずはチョイスしてみましょう。

当然強みを活かせた方が結果も出やすく、組織にも貢献でき評価されやすいので、そうしたものを選んでいくことが大切です。ただし、それは短期的な話になります。

前章でも述べておりましたが、**スキルはコモディティ化していき、段々と陳腐化し**

ステップ4 得たい状態を得るための具体的なアクションを考える

①「得たい状態」を作れる可能性がある仕事

② ①の中で、自分の長所を活かせそうなもの

てしまうので、あくまでも短期的に、という話になります。

長所をどう見つけていくのかに関しては、また解説をしていきます。

「どんな業種」をしていくのかが決まれば、あとは「どんな業界」を選ぶかになります。これもこの後述べていきます。

ここではリモートの仕事ができるかどうかがポイントになりますが、公務員や接客業、製造業系だと難しいわけですね。しかしプログラミング、デザイン、映像、ライティング、経理、事務、営業といった職種であればリモートワークできる可能性はあります。ただし、会社によってはできない場合もあるので、この辺りはしっかりと精査していく必要があります。

ステップ5

やりたいことの糸口を見つけていく

嫌いなことを見つける必要性についてお話ししてきましたが、ここで「やりたいこと」が何となくでも見えてきている人もいるかもしれませんね。

そんな読者のために、「やりたいことを見つけるためのフレームワーク」もご紹介します。

嫌いなことを考えた後に、対象的に好きなことを考えることで、より自己理解が深まるものです。こちらも活用してみてください。

■will can mustのフレームワーク

will/can/must……すなわち**「やりたいこと・できること・すべきこと」**からキャリアを考える自己分析のフレームワークです。

「やりたい」という自分の価値観や「できる」という過去の経験に沿いながら自己分析できるため、企業選びにも使え、ミスマッチ防止にも繋がるフレームワークです。

具体的に見ていきましょう。

■will（やりたいこと）とは？

広く**「やりたいこと／なりたいもの」のこと**です。自分の将来像／仕事を通して実現したいこと／理想の働き方や生き方などが、これに該当します。

具体的に思いつかない場合は「人から感謝される存在になりたい」「何かを売る仕事をしたい」など、抽象度を上げて考えてみると楽かもしれません。

can（できること）とは？

できること／今の自分ができること／スキルのことです。これまで過ごしてきた人生をふりかえってみて、これまでの経験などから、具体的に言えることを考えていきます。

「営業ができる」「動画の編集ができる」など具体的なスキルがなくても、「忍耐力」「継続力」「リーダーシップ」などのいわゆるポータブルスキルに該当するような、各人の資質であっても問題ありません。自分とはどんな人か、どんなことをやってきたか考えてみましょう。

must（すべきこと）とは？

社会人として働く以上、会社や社会に対して何かしらの「貢献」をする必要があります。ここでは、**社会や会社から求められていること。求められているスキルや経験に該当するものが「すべきこと／やらなければならないこと」**です。

自己分析の段階では深く考える必要はありませんが、たとえば転職先の企業研究を経て志望動機を考える際には、自分がどんなふうに働くか、どのようにして会社に貢献するか、というポイントで必要になってくる発想です。

この自己分析の最大のメリットは「できること」という過去から現在を中心に分析する視点と「やりたいこと」「すべきこと」という自分の価値観と未来に意識が向いた分析視点が組み合わさっている点です。これらの分析が一致する業界や企業を選んでいけばいいので、業界や企業選びをスムーズに進めることができます。この分析は、面接における志望動機にも応用しやすいでしょう。

第 3 章のまとめ

・今思いつく「やりたいこと」をやった先が「得たい人生」になるとは限らない。

・様々な体験や経験をしていく中で「本当にやりたいこと」は勝手に見えてくる。

・そのためにやるべきことは、「自分が嫌なことを知り、行動すること」。

・嫌なことを回避する「人間の本能」を利用することで、自分の「得たい状態」が見えてくる。

・そのステップは次の５つ。

①「嫌なこと」と「解決策」を 10 個書き出す。

②「得たい状態」を手に入れるための方法を考える。

③自分の強みを見つける。

④得たい状態を得るための具体的なアクションを考える。

⑤やりたいことの糸口を見つけていく。

第4章

セルフマーケティング（マーケット分析編）

●たった30年で多くの職業が消えている！

この章では、「自分をどこで売るべきか」を考えるためのマーケット分析についてお話ししていきます。

まず前提として押さえておくべきことが、**「時代の流れ」**です。

今は基本的に時代の流れが速く、特定の業界が長期的に勝ち続ける……ということはありません。

それを実証するある調査を紹介しましょう。

大正大学地域構想研究所の中島ゆき氏による調査です。中島氏は5年に1度行われる国勢調査で使われる職業分類をもとに、平成の約30年間で仕事の職種にどのような変化が生まれたのかを調べました。

その結果、**平成2年（1990年）と平成27年（2015年）とを比べると、26の**

国勢調査から消えた「平成の職業」

平成2年国勢調査（存在していた職業）	平成27年国勢調査の分類
タイピスト、ワードプロセッサ操作員	→廃止
速記者学校講師、タイピスト学校講師	→削除
芸者、ダンサー	→廃止
声色師、奇術師、あやつり人形使い、腹話術師 ボードビリアン、曲芸師	→削除
キャバレーのレジスター係	→削除
預貯金集金人、保険料集金人	→削除
場立人、才取人	→削除
注文取り	→削除
呼売人、ミシン販売員	→削除
絹織物買継人、牛馬仲介人、雑穀仲介人、 電話売買仲介人	→削除
書生、留守番	→削除

※「大正大学 地域構想研究所 研究レポート」より作成
https://chikouken.org/report/report_cat01/8795/

平成で新たに誕生した職業
（平成27年 国勢調査）

誕生した職業名	該当する小分類
情報ストラテジスト、システムコンサルタント ビジネスストラテジスト、ISアナリスト	システムコンサルタント
ITサービスマネージャ、システム保守技術者 サーバー管理者、情報セキュリティ技術者	システム運用管理者
情報処理プロジェクトマネージャ	システム運用管理者
心理カウンセラー（医療施設）	他に分類されない保健医療従事者
心理カウンセラー（福祉）	その他の社会福祉専門職業従事者
金融商品開発者、金融ストラテジスト 保険商品開発者	金融・保険専門職業従事者
テクニカルライター	記者、編集者
苦情受付事務員（電話以外によるもの）	その他の一般事務従事者
調査員（統計調査員；世論調査員；市場調査員）	調査員
リサイクルショップ店主 リサイクルショップ店員	小売店主・店長 販売店員
ハウスクリーニング	ハウスクリーニング職
ネイリスト	美容サービス従事者（美容師を除く）
レンタカーカウンター係員	物販賃貸人
ボディガード 刑事施設警備員	警備員
自動販売機商品補充員	配達員

※「大正大学 地域構想研究所 研究レポート」より作成
https://chikouken.org/report/report_cat01/9065/

職種が削除され、反対に25の新しい職業が生まれたことがわかったのです。

たとえば昭和時代には花形職業とされていた「タイピスト」や、商品名を呼びながら豆腐などの品物を売る「呼売人」、また「ミシン販売員」も職業一覧から姿を消しています。小型コンピュータの普及や、スーパーやコンビニなどの流通インフラの拡張などがその要因です。

このように、たった30年間で、技術革新や流通形態の変化によって、多くの職業が入れ替わっているのです。

「特定の職業につけば安心」という法則は、すでに破綻しているということです。

●商品やスキルのコモディティ化

そして、もう一つ押さえておくべきことが、**特定の商品やスキルが「コモディティ化」する**という現象です。

「コモディティ化」という言葉は聞き馴染《なじ》みがないかもしれませんね。

端的に言えば、製品やサービスが「他と似たようなもの」と捉えられてしまうことです。

たとえば「洗濯機」。

多くのメーカーが生産していて、その性能に大差はありません。ですから、最終的には価格が安い商品が、消費者に選ばれるようになってきています。競合と差別化をする〝何か〟を見つけなければ、どんどん利益が圧迫されていくのです。

これは商品だけでなく、スキルも同じです。

今流行っているスキルとして「ＷＥＢデザイン」や「プログラミング」があります。資本主義社会では、「より良いものを安く作る」ことが求められます。仮に、あなたがサイト制作のすぐれたスキルを持っており、個人で仕事を行っていたとしましょう。もし、あなたと同じようなスキルを持つ人が少なければ、高いクオリティのサイトを作ることで、高い報酬を得ることができるでしょう。

しかし、同じようなスキルを身につけている人が増えれば増えるほど、「（サイト制作の）技術を持っている」ということの価値は下がり、より「安くクオリティ高くや

スキルはコモディティ化する

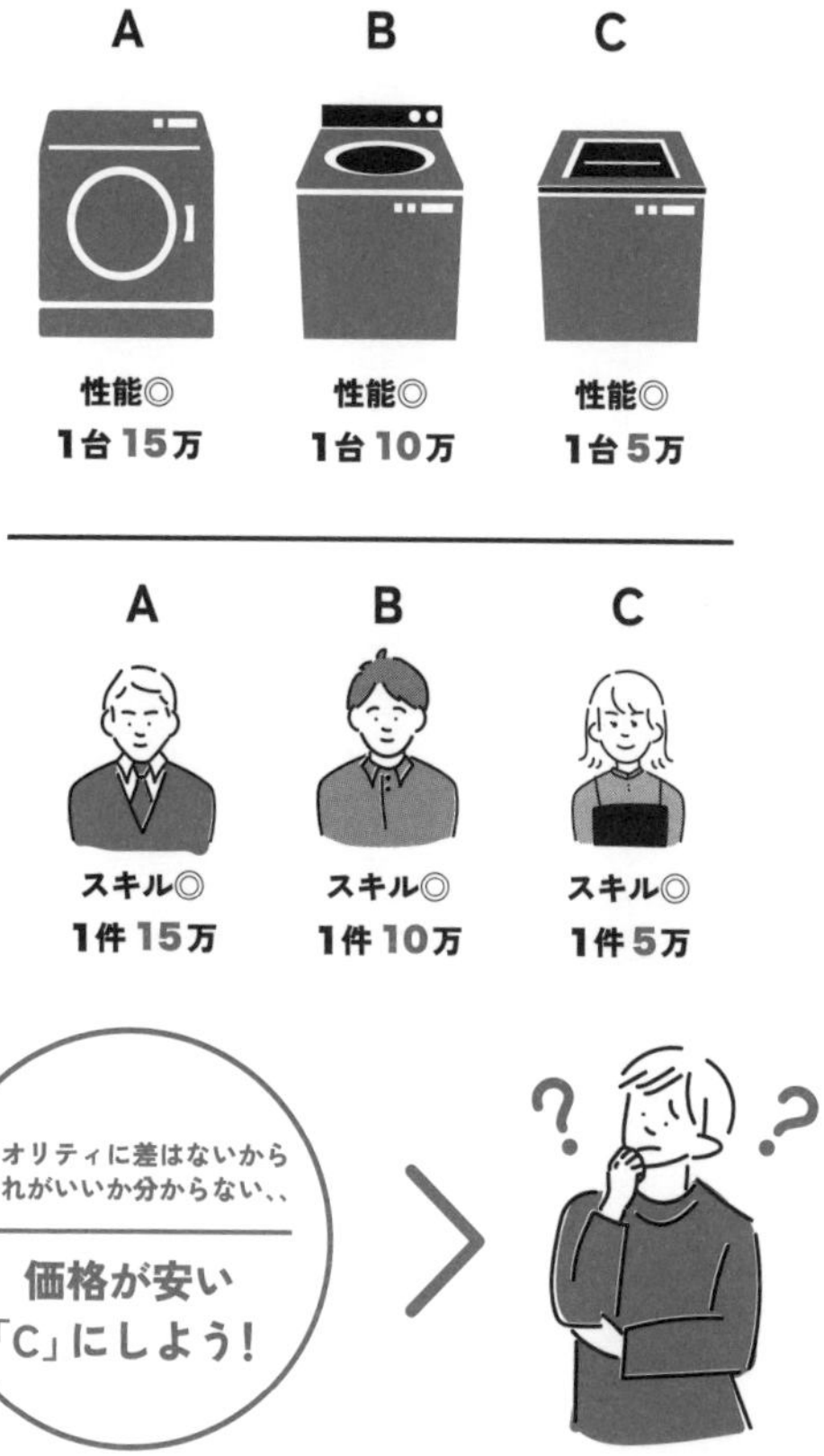

れること」が選ばれる基準になってきます。必然的に、案件の単価は下がっていくのです。

技術力が下がらなかったとしても、できる人が増えることでその仕事は勝手に単価が下がるということです。

「マーケター」のスキルが求められる時代

では、時代の流れが速く、かつコモディティ化しやすい今の時代には、どのようなスキルが求められるのでしょうか？

ずばりそれが、本章のテーマである**「マーケター」のスキル**です。

つまり、**「どういったものに価値があるのか、価値を感じてくれる人が増えるのか」と、世の中が求めていることを察知して動く力**です。

今後、生き残れる人材は、ある特定の分野で専門性がある「エキスパート人材」ではなく、世の中が求めていることを察知し、付加価値をつけることができる「マーケター人材」でしょう。

これからの時代に求められるのは
マーケター人材

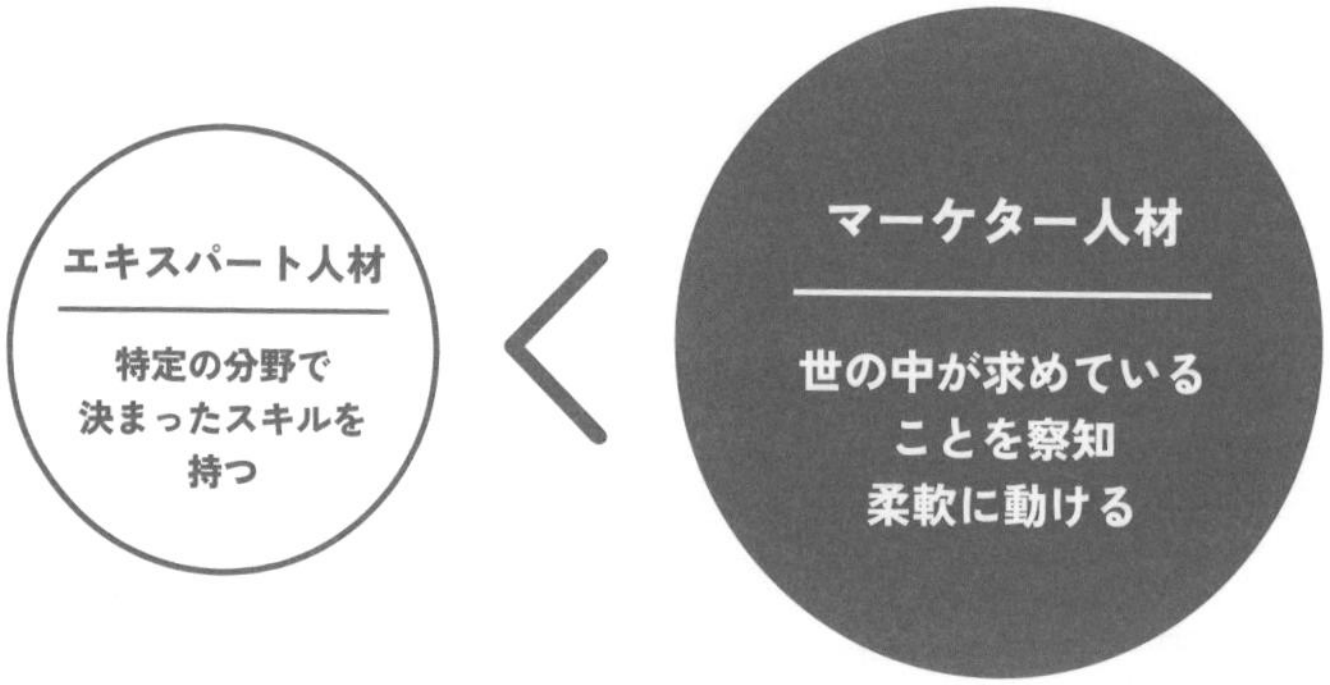

世の中が何を求めていて、それと照らし合わせて自分をどう売り込むか？　という「マーケター的視点」が今の時代で生き残る鍵になるのです。

では、「マーケター的視点」はどのように養えばいいか？

まずは、**「自分を高く売れる業界を知る」**ということから始めます。

「年収は何で決まるか？」

そう問われたら、あなたは何と答えるでしょうか？

おそらく、「能力」や「スキルのレベル」と答える方が多いかと思います。

しかしながら、年収は「能力」や「スキルのレベル」では決まりません。

年収は「業界」と「職種」で決まってしまうのです。

「年収が上がる」業界はここだ

では、どんな業界だと年収が上がるのか？

基本的には**「一人あたりの生産性が高い業界」が、比較的年収が高く**なります。

では、「一人あたりの生産性が高い業界」とはどのような業界でしょうか?

たとえば「M&Aの仲介を行う企業」などがそれにあたります。

仲介企業は売りたい会社と買いたい会社をマッチングさせていき、その間で報酬をもらっていくことになります。

その規模にもよりますが、成立した金額の約10%~20%をもらえるので、仮に売却が1億で成立するとなった場合は、買い手側からも多くて2000万円、売り手側からも同様に2000万、合計4000万円の売上になるということになります。

ここで重要なのが、原価がかからず、人件費が低いため、利益率が高いことです。

結果、「1人あたりの生産性が高い」ということになります。

このような理由から、年収が高い会社を見てみるとM&Aの会社が多くなっています。

もう一つ利益が出やすいのは**「1対n(1対多数)」の構造になっている企業**です。

たとえば、教育系で言えば「東進ハイスクール」、ネット系であればNetflixや

Amazon Primeなどが挙げられます。

それらがなぜ「1対n」といえるのか。

東進ハイスクールの場合であれば、講師が授業を行ったものを録画し、その録画を使い回して複数の生徒にみてもらうことができます。これが、個別指導であれば「1対1」、集団授業だとしても、限られた数になるわけです。

一方で、映像を使い回すとなれば、人数に限りはありません。もちろん撮影する授業を行う講師のコストはかかりますが、その一定のコストだけで、売上高の伸び代はいくらでもあるという状態になるのです。結果、生徒数が増えれば増えるほど利益率が高くなっていくことになります。

これがいわゆる「1対n」構造です。

おわかりのように、NetflixやAmazon Primeなどのサブスク型の商品も、この「1対n」構造になっています。Netflixの番組も一度作っておけば、世界中で会員数が増えれば増えるほど、同じ原価に対して売上高が増えていきます。

したがって、仲介会社同様、「1人あたりの生産性」が高くなるわけです。

1対n型は生産性がn倍に

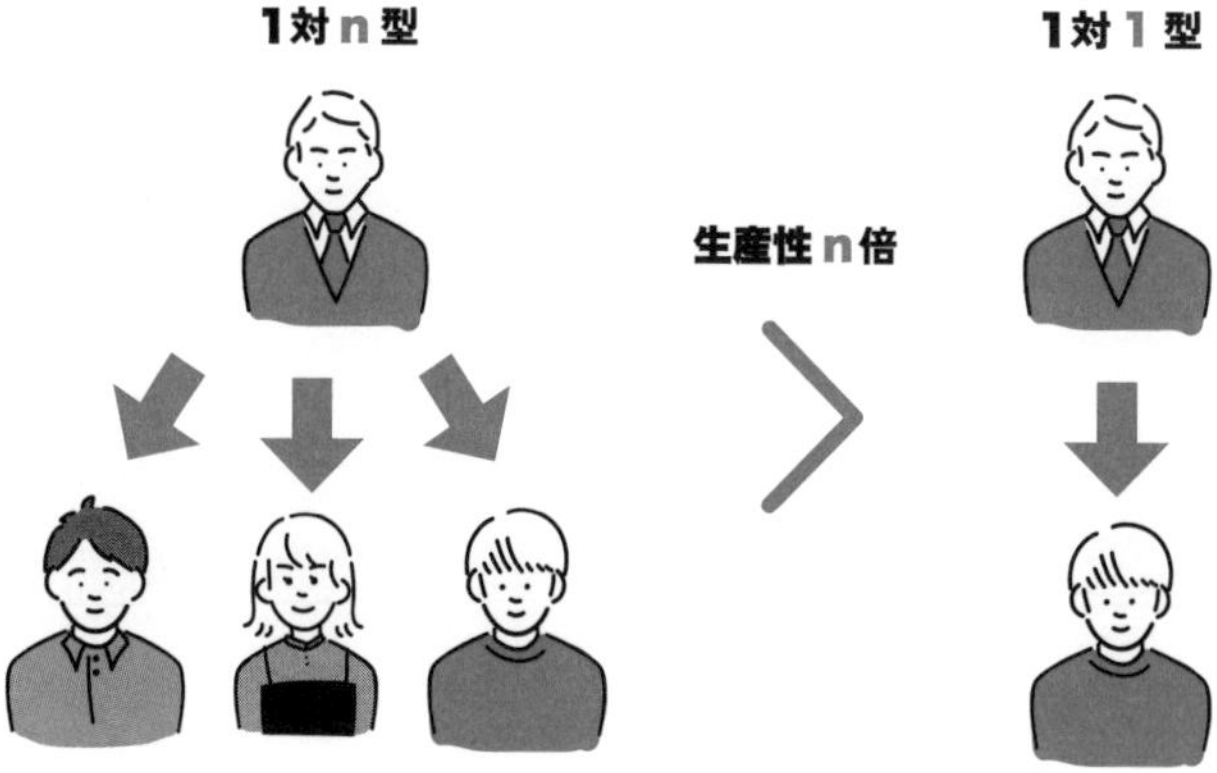

●生産性の「構造」を知る

一方で、「1人あたりの生産性」が低い業界は何があるでしょうか？

たとえば、アパレルやメーカー、飲食といった業種は比較的年収が低い傾向にあります。

その理由は、**生産性が高い業界の特徴の〝逆の構造〟を持っているから**です。

在庫を持たないといけない、場所代がかかる、人件費もかかりやすいので粗利が低い。そして単価が低い上に、1人あたりが影響を与えられる人数が少ないため、売り上げをあげようと思ったら、たくさんの人を雇う必要があります。

その結果、**「1人あたりの生産性」が低くなり、1人あたりにさける資金も少なくなる**ということです。

ここであなたにお伝えしたいのは、年収が高い企業のランキングを見ていくことではなく、**「なぜ年収が高くなっているのか」という、生産性の構造自体を理解することが重要である**、ということです。

生産性に影響する利益を生み出す「構造」を理解することで、自分をより高値で売ることができます。

「勝ちやすい場所」で勝て

「自分が勝ちやすい場所」……多くの人がそれをあまり意識していません。

自分のやりたいことや好きなことを中心に考えてしまうあまり、「自分はどこで勝ちやすいか」を考えない人が多いのです。

「勝ちやすい場所で勝つ」という感覚は、キャリア戦略において非常に重要です。

1の努力で100の成果が出るのか？　あるいは100の努力で100の成果が出るのか？　当然、前者の方が良いですよね。

ところが多くの人が、自ら「厳しい世界」に突っ込んでしまいます。

わかりやすい例が「YouTube」です。

7、8年前のタイミングでYouTubeを始めた人と、芸能人がたくさん参入している今の状態からYouTubeを始める人とでは、努力量に対して得られる成果は全く違ってきます。

8年前であればクオリティをそこまで考えてなくてもバズっていたかもしれないものが、今では映像や音声の質も含めてかなり作りこまなければ、多くの人に見てもらうのは難しかったりしますよね。

こうしたタイミングは非常に重要です。

昨今、フリーランスの職種として「エンジニア」「WEBデザイナー」「映像編集者」などが人気で、それらを目指すという人も多いようです。

しかし、人気であるからこそ、前述したように「スキルのコモディティ化」が待っています。こうした職種もすでにライバルの多い激戦区になり、勝ちづらくなっているのです。

上手くいっている人は自分が勝ちやすいところはどこかということを常に意識して

います。

時代の流れを読んで、自分が勝ちやすい場所や少ない努力で結果が出る場所はどこかということを、意識していくことが非常に重要なのです。

市場価値を分析してみよう

いよいよ、これまでの内容を踏まえて、あなたなりのキャリアを分析してみましょう。

今から、**あなたに合った、かつ勝ちやすいマーケットで戦える、最強の戦略**を3つのステップで考えていきます。

▼ステップ1：SWOTを紙に書き出していく

ステップ1では「SWOT分析」というフレームワークを使って、洗い出した材料を整理していきます。

まずは、SWOTの4つの要素であるStrength（強み）、Weakness（弱み）、Opportunity（機会）、Threat（脅威）をそれぞれ紙に書き出してみましょう。

【内部要因】

・Strength（強み）……すでに備えているスキルや能力、人柄の良さなど、仕事の中で自分が活かすことのできる力です。第3章のステップ3で洗い出した、自分の「長所」を書き出します。

・Weakness（弱み）……仕事の中で自分が苦手な作業や状況、身体的・精神的な弱点などを示します。第3章のステップ3で洗い出した、自分の「短所」を書き出します。

【外部要因】

・Opportunity（機会）……自分がやりたいことをやり、能力を最大限活かすうえで追い風になってくれるような機会や環境を書き出しましょう。第3章のステップ2で洗い出した、自分の「得たい状態」を書き出します。

ステップ1
SWOTを紙に書き出していく

Strength（強み）	Weakness（弱み）
Opportunity（機会）	**Threat（脅威）**

・Threat（脅威）……自分がやりたいことや本来の力を妨げてしまうような環境・条件・外部からの刺激を書き出しましょう。第3章のステップ1で洗い出した、自分の「嫌なこと」を書き出します。

▼ステップ2：SWOTを踏まえて、戦える場所を洗い出す

①自分の強み
②自分の弱み
③自分の得たい状態
④自分の嫌なこと

このような形で、「自分自身のこと」が整理できたかと思います。

そこでステップ2では**①〜④の材料を使って、「嫌なことがない状態」を実際に作っていきます**。

ステップ1で出た④を回避し、③の状態にするためにどういうキャリアにしていく必要があるのか？　を考えてみましょう。

・**まずは、④を回避し、③の状態になる方法をひたすら考える**。

たとえば、③の得たい状態が「好きな場所で働ける」であれば、まず「リモートで働ける職種」を挙げていきます。

営業・プログラミング・WEBデザイナー・ライター・コンサルタント・オンライン講座の講師など思いつく限りの職種を書き出していきましょう。

アイディアが出尽くしたら、インターネットなどで調べて追記し、最低30個は書き出していきます。

・**書き出したアイディアから、自分に合うものを選んでいく**。

ここで利用するのが、①と②、すなわち自分の「長所」「短所」です。

まずは、長所が活かせる職種を一度選び出します。さらにその後に、その職種に自分の短所が影響しないかを確認していきます。

ここまでで、**自分の得たい状態を手に入れられる可能性が高い職種をピックアップすることができた**はずです。

▼ステップ3：マーケットと照らし合わせる

そしていよいよ「マーケットとのすり合わせ」を行います。

ステップ2で書き出した、**「自分の強みを活かして」「自分の得たい状態を手に入れられる候補」を、前述の「生産性が高い業界」「今、勝ちやすい場所」と照らし合わせて、〝より効率よく戦える場所〟を探していく**のです。

たとえばステップ2の「好きな場所で働ける」ための職種が、

・営業
・プログラマー

ステップ2 SWOTを踏まえて、戦える場所を洗い出す

① 得たい状態を手に入れるための手段（30個）

② ①の中であなたの「長所」を活かせるもの

③ ①の中であなたの「短所」が影響しないもの

・WEBデザイナー
・オンライン講師

であったとして考えてみましょう。


まず、「営業」はどうでしょうか?

「営業」は売上に直結する仕事であり、歩合制などがある会社もあるので、結果を出すことができれば「生産性は高く」なります。

「生産性が高い」という点では、代理店的な働き方ができるので、利益率が高く、収入を得やすい業界といえます。

「勝てる市場」という点でも、営業は「商品を相手に届ける」という、どんなジャンルでも必要とされるスキルであり、今後も需要は高いと考えられます。

次に、フリーランスのスキルとして人気が高い「プログラマー」や「WEBデザイナー」はどうでしょう?

「生産性が高い」という点では、確かに単価は高いですが、一つの案件に対して多くの時間を要するため、意外と効率が悪かったりします。

また、「勝てる市場か」という点でも、「コモディティ化」によって供給が増えると、今後、1人に対する需要は低下し、勝ちにくくなる可能性が高いでしょう。

最後の、「オンライン講師」は？

講義を動画でコンテンツ化したり、単価を高く取れれば、生産性は比較的高いといえます。

「勝てる市場」という点では、今後は多くの業界がオンライン化を進めていくことが予想できるので、今後伸びていく市場ではないでしょうか。

このように、ステップ2で挙げた「得たい状態」を手に入れるための候補を一つずつ、それが市場的に推奨できるのかを検討していきます。

いかがでしたでしょうか?

ステップ1~3を踏まえて、自分の「強み」を活かしながら「得たい状態」を得られる「勝てるキャリア」が見えてきたかと思います。

自分が戦う場所が決まれば、そこに向かって行動するのみです。

次章では、その行動をどうマネジメントし、成果に繋げていくかという「セルフマネジメント」についてお伝えします。

第４章のまとめ

・「時代の流れ」は前提として掴《つか》んでおく。

・特定の商品やスキルはコモディティ化していく。

・激動の時代に合わせて最適な行動を選択する「マーケターのスキル」が求められる。

・年収が上がるのは「一人あたりの生産性が高い業界」。構造の理解が重要。

・多くの人がライバルの多い激戦区で戦いがち。「自分が勝ちやすい場所」で戦う意識を持つと成果が得られるようになる。

・市場価値を分析し、自分の戦う場所を決めることができればそこに向かって行動していくことで「勝てるキャリア」がみえてくる。そのプロセスが次の３つ。

　ステップ１：ＳＷＯＴを紙に書き出していく。

　ステップ２：ＳＷＯＴを踏まえて、戦える場所を洗い出す。

　ステップ３：マーケットと照らし合わせる。

第5章

セルフマネジメント

●なぜ「セルフマネジメント」が必要なのか？

20代が身につけるべき2つ目のMは、マネジメントのM「セルフマネジメント」です。**セルフマネジメントとはつまり、自己管理能力のこと**です。『ドラッカー・スクールのセルフマネジメント教室』の中にも、このようなことが述べられています。

知識社会においては、人は必ずしも定時で働きません。仕事上の役割も以前のようにははっきりしません。人間関係はもっと複雑なものになり、誰もが多くのコミュニケーションや交渉を必要とするようになります。職場においても互いに会話を交わし、信頼し合うといったことが大切になっていきます。つまり、何かを達成するためには、決められた役割を果たすだけでなく、個人として、質の良い関係性をマネジメントすることが求められるのです。

まさに、この著書の中で、セルフマネジメントの必要性が明快に記されていますよね。これだけ変化の激しく多様性に富んだ世界を生きていくためには、マネジメントの力が欠かせません。

（ジェレミー・ハンター　稲墻聡一郎著　2020年2月　プレジデント社より引用）

さらにピーター・ドラッカー氏はこのような名言を残しています。

「まず自分をマネジメントできなければ、他者をマネジメントすることはできない」

あなたが、これからどのような分野で、どのような活動を行うにせよ、まずは自分をマネジメントすることから始めるべきなのです。

●リモート時代にこそセルフマネジメントが必要

昨今のテクノロジーの発達によって、オンラインワークが盛んになりました。今や在宅でのリモートでの仕事は、珍しいものではありません。

これが何を意味するか？

そう、**自己管理がより必要とされる**ということです。

これまでは、オフィスに行けば、上司や会社の仕組みが、あなたを管理、マネジメントしてくれました。しかし、在宅ワークでは、あなた一人で労働環境を整備して自分を律して、仕事に取り組む必要があります。

実際、「Qasee（カシー）」が実施した、「リモートワークにおける不満に関する調査」では、普段のオフィスワークと比較し、リモートワークは「自己管理が重要だ」と答えた人が計84・0％でした。

しかし、約4人に1人は「自己管理ができていなかった」と回答。「私生活と仕事のメリハリがつかない」、「仕事に集中できない」、「仕事をサボってしまう」という声もあったそうです。

より自由な働き方を選択することができるようになった今の時代、こうした選択権を得られるのは、自己管理能力を持っている人に限られるというわけですね。

自己管理の重要性を感じている

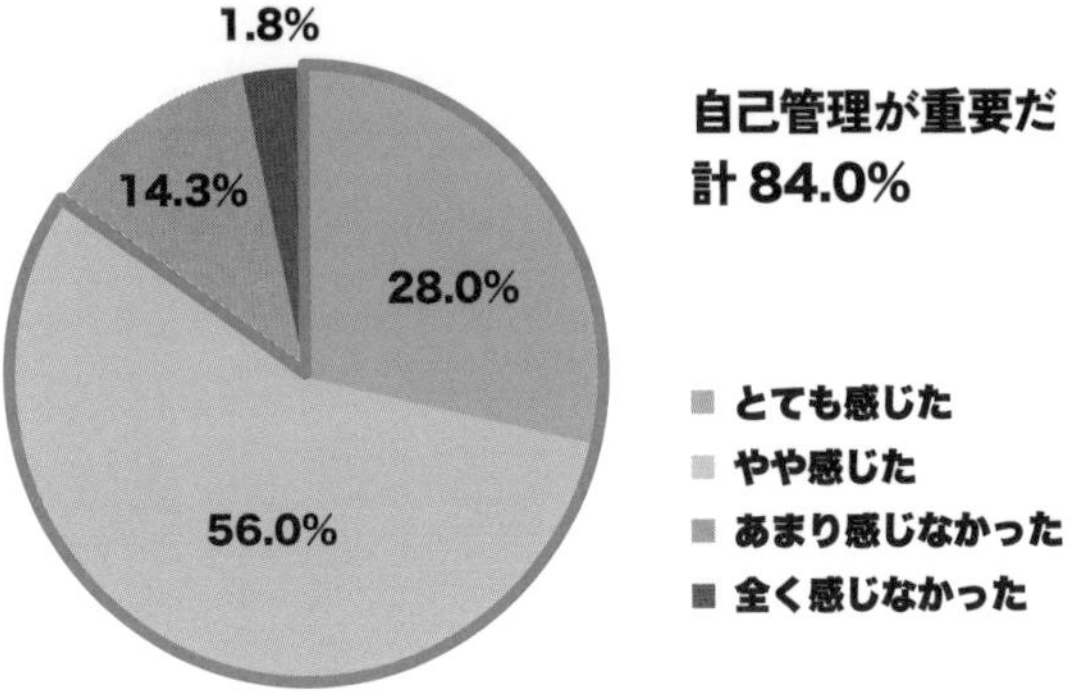

リモートワーク中約4人に1人は自己管理ができていない

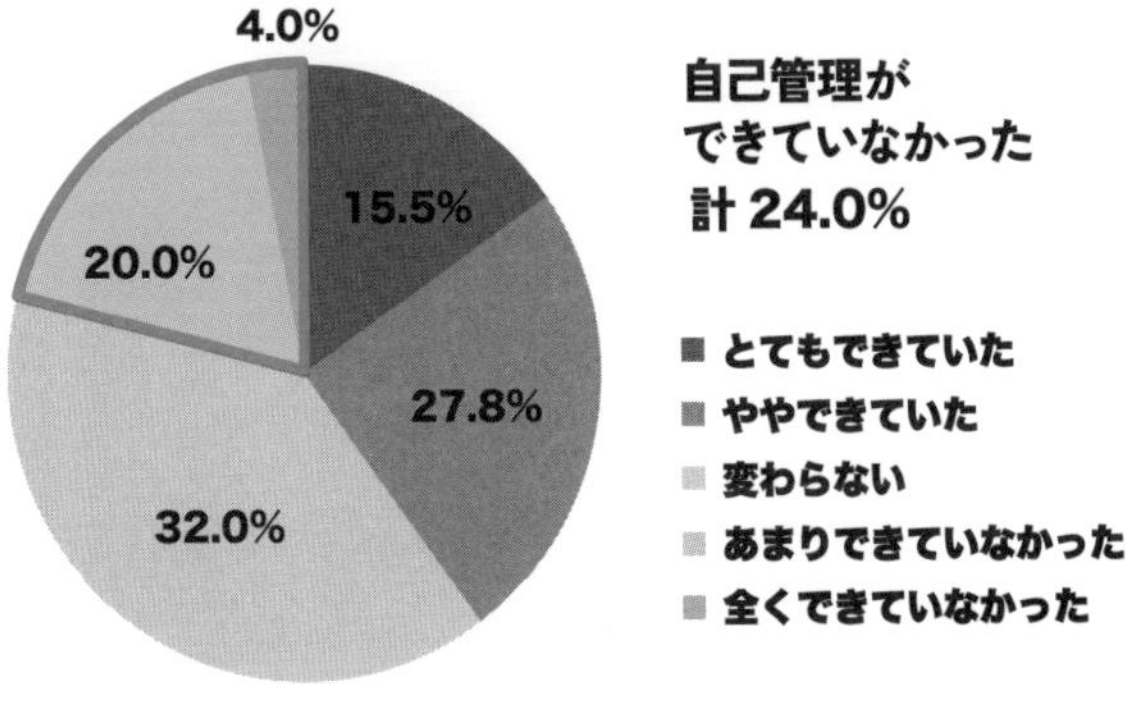

引用元：Qasee（カシー）による「リモートワークにおける不満に関する調査」より

●「セルフマネジメント」の5つの要素

ここまで、簡単に自己管理の必要性について述べてきました。では、具体的にセルフマネジメントとはどういった力なのか？　これからご説明しますね。

私はセルフマネジメントとは、大きく分けると「5つの管理力」に分類することができると考えています。

①時間管理
②体調管理
③モチベーション管理
④メンタル管理
⑤マネー（お金）管理

これら5つをコントロールできるようになると、さまざまな場面において成果を出

セルフマネジメントに必要な5つの管理力

せるようになります。

特に、**これらの中でも重要なのが「時間管理」と「メンタル管理」**でしょう。時間とメンタルを管理することで、体調も管理できるようになり、またモチベーションも維持できます。

つまり、時間とメンタルをコントロールすることができれば、体調やモチベーションを管理することが簡単になり、良いサイクルを作ることができるというわけです。

そこで本書では、時間管理とメンタル管理を中心に話を進めていきます。

●「センターピンは何か？」を考えよ！

「どう時間を管理すればいいですか？」

今まで20代の方からそんな相談を非常に多く受けてきました。

その中で気づいたことは、多くの人が「あれもやりたい、これもやりたい」と、**とにかく色々なことをやってみたいという思考になっている**、ということです。

その結果、「やらなければいけないことが増え、時間が無い」という状況になっている人が多いのです。

こうした状況に陥ってしまう原因……それは**「目的が明確でない」**ということです。

そこで、自分自身の目的に対して何が一番重要なのかを考え、「センターピン」を決める必要があります。

ボウリングでストライクを取るためには、一番真ん中に置かれた「センターピン」を倒すことが必要不可欠です。どれだけ強く速い球を投げたとしても、このセンターピンに当たらない限りはストライクになることはありません。「センターピンを外さないように投げる」ことが、ストライクを取るための絶対条件というわけです。

つまり、あれもこれもと多くのことに取り組むのではなく、「センターピンに必要ないことはやらない」と決めていくことが大事なのです。

私の例を挙げてみましょう。

元々私は住宅の営業をやっていましたが、住宅の営業として結果を出したいのであれば、「売上を上げること」がセンターピンになります。

売上を上げるためにできることはたくさんあります。

飛び込み訪問やテレアポの数を増やす、営業の勉強をして商談のスキルを上達させ成約率を上げるなどなど……。

目的を達成しようとした時には、真剣に考えれば考えるほど、手段はたくさん思いつきます。そして「思いついた手段を全部やろう！」と意気込んでしまうのですが、冷静に「最も結果に直結するものは何か？」を考え、手段を絞ることが大切です。

私の場合、飛び込み訪問をするよりは紹介をしていただいたほうが契約確率は高くなるため、そこに集中して何をするのかを決めていました。

そのため一定期間は「紹介を増やすために必要なこと以外はやらない」と決めることで集中的に時間を割くことができたのです。

あなたも**「目的は何なのか」**を考え、**目的に対して「何をやらないのか」**をぜひ**決めてください**。

「やらざるを得ない状況」を作れ！

次に大切なのは、いつ何をするのかを決めて**「やらざるを得ない状況」を作ってしまうこと**です。

目的が決まったら、その成果を得るためには何が必要なのかを、ゴールから逆算して決めます。それをこなせる自信がない人に関しては、管理をしてもらったり、やらざるを得ない状況にすることが大切になります。

基本的に人が行動するきっかけとなるものは2種類あります。

・**痛み**
・**情熱**

この2つのうち、ほとんどの場合は「痛み」で動くことのほうが多いものです。

実際、私もなかなか新たな行動ができず、結局28歳の時に「やらざるを得ない状況」になり、それで動いた、という思い出があります。

では「やらざるを得ない状況を作る」には、具体的にどういうことをすればいいのでしょうか？

たとえばこんなことが挙げられます。

「家賃を2倍に上げる」

「ダイエットをするためにライザップにお金を払う」

家賃を2倍にしてしまうと、会社からの給料だけでは生きていけませんよね。これが「他で収入を得るために行動せざるを得ない状況」になるわけです。

また、ダイエットを本気で始めた時に、パーソナルトレーナーにお金を払って指導してもらうのも1つの手でしょう。「お金を払う」という痛みを感じ、「お金を払ったからにはやり切る！」というマインドが「やらざるを得ない状況」を作り出します。

このように、行動したいけれど行動できない人に関しては、**意図的にやらざるを得ない状況を作っていくことで、早く行動できる**でしょう。

●寝る時間を決めろ！

時間管理をする上で忘れてはならない大切なことに、**「寝る時間を決める」**ということがあります。

「1日の中でやらなければいけないタスクを全て終えないと寝ない」……そんな方が多くいますが、これだと逆に生産性が悪くなってしまうことが多いものです。

たとえばタスクを全て終わらせるために徹夜をしてしまうと、次の日に疲れが溜《た》まります。疲れた状態で仕事をすれば、当然生産性も悪くなります。その結果、自分がやらなければいけないことがまた終わらないという状態が続いてしまうのです。

仮にタスクが終わらなかったとしても、時間を決めて、途中でもやめて寝る、ということが、結果的に生産性を高めることに繋がるのです。

また、**寝る時間を決めることで十分な睡眠時間の確保に繋がったり、規則正しい生活になることで、体調管理がしやすい状態になります**。

厚生労働省が発表した「健康づくりのための睡眠指針」では、次のように記されています。


睡眠不足は，疲労や心身の健康リスクを上げるだけでなく、作業能率を低下させ、生産性の低下、事故やヒューマンエラーの危険性を高める可能性がある。健康成人を対象にした研究では、人間が十分に覚醒して作業を行うことが可能なのは起床後12～13時間が限界であり、起床後15時間以上では酒気帯び運転と同じ程度の作業能率まで低下することが示されている。

睡眠不足が連日続くと、作業能率はさらに低下する可能性がある。健康な成人を対象にした介入研究では、自然に目が覚めるまでの十分な睡眠時間が確保されると、作業能率は安定しているが、その時間よりも睡眠時間が短く制限されると、作業能率は日が経つにつれ低下していくことが示されている。また、これらの研究では、客観的な検査では作業能率が低下しているにも関わらず、自分ではそれほど強い眠気を感じていない場合が多いことも示されている。

忙しい職場では、睡眠時間を削って働くこともあるかもしれないが、そのようなことが続くと、知らず知らずのうちに作業能率が低下している可能性がある。

このような生産性の悪化を防ぐためにも、寝る時間を決めて十分な睡眠時間を確保しましょう。

●時間に対しての捉え方を根本的に変えよう！

「タスク管理の方法を教えて欲しい」

「時間を有効活用するにはどうすればいいのか」

といった相談は頻繁に受けるものです。

ここで私が時間管理に関して特に意識していることをお伝えしておきましょう。


身も蓋もない話になりますが、それは……。

「そもそもタスクを抱えすぎない」

ということです。

多くの人は、タスクを多く抱えた時に、それらをどうさばくかと考えるものですが、そもそも「タスクをなくす努力」はあまりしていないと感じています。

実際に、タスクがなければ時間もでき、時間管理もしなくてよくなるため、タスクは極力ない方がいいわけです。

根本的な課題として「どうすればタスクがなくなるか」ということをより考えていきましょう。

多くのタスクがある中で、今どこに自分の時間をかけるべきなのか、という優先順位をしっかり決めて、今やるべきものは何なのかを考える必要があります。

何かを頼まれても、今やるべきではないものや必要ないと感じるものは断ることも大事です。

これは立場や人によってできない人もいるかもしれませんが、自分ができないなら、そのタスクを他の人に振ることも必要になるでしょう。

私は自分の手元にタスクを置かないように意識しているので、仮に何か振られたタスクがあったとしてもすぐ誰かに任せてやってもらうという状況を作っています。

そうすると、自分の手元にタスクが残らないので、自分の時間をしっかり確保することができるのです。

●メンタル管理をするために必要な心の3大欲求

メンタル管理に関しては、スタンフォードオンラインハイスクールの校長をつとめられている星友啓氏の「人間の動機付けになる心の3大欲求」の理論が参考になります。

星さんのいう3大欲求とは……。

1つ目は**他人と繋がりたいという欲求**。

2つ目は**自分が何かをやってきた、達成したいという欲求**。

3つ目は**誰かにやらされてコントロールされているのではなく自分がやっているという自発性を感じる欲求**。

この3つの欲求が満たされていないと、人はどうしてもメンタル面が徐々におかしくなっていきます。心の欲求を無視しながら頑張り続けても、どこかで嫌になってしまったり、継続することが億劫《おっくう》になってしまった経験は、あなたにもあるのではないでしょうか？

だからこそ、自分自身のメンタルをしっかりと管理していくためには、**この3つの**

人間の動機付けになる
心の3大欲求

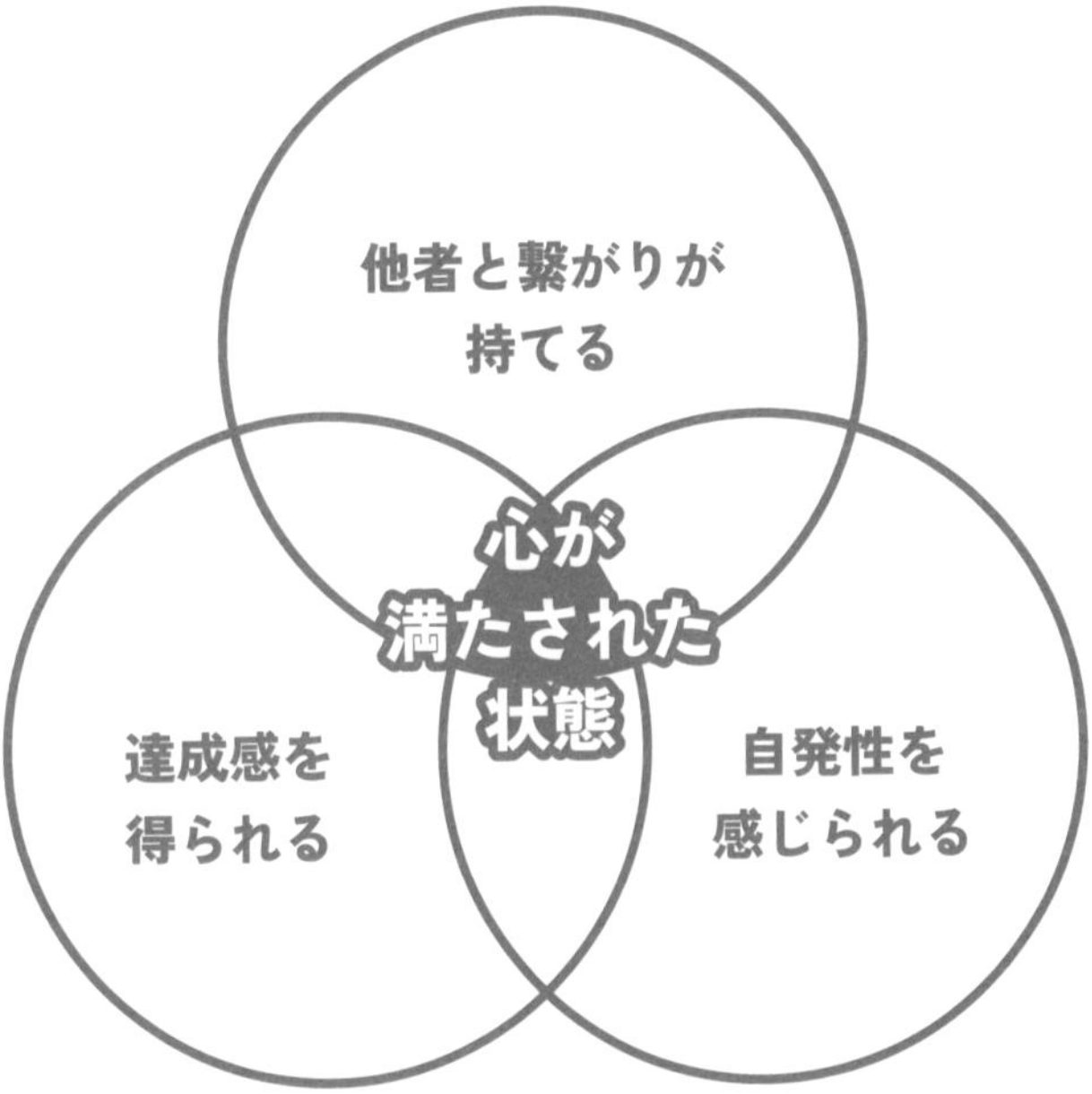

欲求を自分がやっている活動に落とし込むことが大切になります。

●セルフトークを変えよ

セルフトークという言葉を聞いたことがありますか？

人間は1日に4万回〜6万回ほど、無意識に自分自身に語りかけているといわれています。

こうした自分への語りかけ、心の中で思っていることをセルフトークと言います。

コーチングの世界でも、**「現実を変えていく時にはセルフトークを変える」ことが重要**だといわれています。

私自身もセルフトークについては意識をしてきました。

たとえば自分を「落ち込みやすい人間」「メンタルが弱い人間」と自分で思っている人は、自分の思考が無意識にネガティブになり、勝手に「自分はメンタルが弱い人間なんだ」「落ち込みやすい人間なんだ」と自分に言い聞かせているわけです。

そのため、常に自分の発言や心の中では逆のことを言うべきとされています。ネガティブな思考になったとしても、その逆のイメージの発言をすることで、自分自身をポジティブな人間だと洗脳するわけですね。

ネガティブ思考の人や落ち込みやすい人は、セルフトークを変えると、言動が変わり、人生を変えることができます。

そして、自分だけではなく、周りにいる人の発言も重要です。

自分のことを否定する人や否定的な言葉をかけてくる人とは、できるだけ距離をとることをおすすめします。

私自身、周りの人に常に言っているのは、「絶対できる」や「余裕だから」ということです。

自分の周りの人を「プラスのことを発言する人」で固めていくといいでしょう。

とはいえ、全てがうまくいくわけではないので、そんな時に使える魔法の言葉を紹介します。

それは、**「らしくないね」**という言葉です。

本来ならうまくいっているはずなのに失敗してしまったり、結果が出ない時に「らしくないね」と言ってみます。

この言葉を使うことで、たとえ失敗していても、「（自分はできるのに）らしくないな」と、プラスの思考になるわけです。

このように、大事なのは「自分に対して必ずプラスのことを言ってあげる」ということ。

あなたもぜひ、セルフトークを変えてみてください。

●セルフマネーリテラシー

セルフマネジメントでは、**お金の管理、マネーリテラシーを身につけることも重要**です。

まずは言葉の意味から考えてみましょう。

リテラシーとは「ある特定分野に関する知識を理解して、活用する能力」のこと。一般的によく聞く言葉では「ITリテラシー」などがありますね。

セルフマネジメントにおけるマネーリテラシー＝セルフマネーリテラシーを持つとは、お金についてしっかりと理解し、活用することができる人になる、という意味です。

●日本のマネーリテラシーの低さ

よく**「日本人はマネーリテラシーが弱い」**という話を耳にしますよね。

『金融リテラシー入門　基礎編』の中では、海外と日本を比較した、金融リテラシーに関する調査が紹介されています。

金融リテラシーのある成人の割合は、日本では43％と報告されている。

デンマーク（71％）、ノルウェー（71％）、スウェーデン（71％）、カナダ（68％）、イスラエル（68％）、英国（67％）、ドイツ（66％）オランダ（66％）、米国（57％）。

日本国内における金融リテラシーの水準の世界ランクは38位となっており、残念ながら、他の先進国と比較して決して高いとはいえない状況にある。

（『金融リテラシー入門　基礎編』　幸田博人　川北英隆著　2021年1月　きんざいより引用）


では、どうしてセルフマネーリテラシーを身につける必要があるのでしょうか。

その理由は、最低限のお金の知識がないと将来的に身動きが取れなくなってしまう可能性が高いからです。


日本では「お金の話ばかりしているのは下品だ」という固定概念があったりしますが、正しくお金を理解しておかないと、今後生活するために必要なお金を得ていくことも難しくなっていきます。

「身動きが取れなくなるようなお金の使い方をしない」……これは本当に大事なことです。変化が激しい時代において、身動きが取れなくなるというのは非常にリスクが高いことだからです。

特に20代が意識すべきこととして、車や家などをすぐに買わないということが挙げられます。このような大きな商品やサービスを購入する際に、たとえばローンを組んでしまうと、ローンが残っているがゆえに次の行動ができなくなってしまうという状況になりかねません。

また多額の事業投資、金融投資、不動産投資や、場合によっては店舗事業やフランチャイズをいきなりやろうと借り入れをする方もいますが、それは非常にリスクが高いことです。

もちろんリスクを負って挑戦することを否定するわけではありませんが、20代のうちから大きな借金を抱えてしまうと、次のチャンスを見逃してしまうことになり得るということです。

投資に関して言えば、その「順番」に気をつけなければなりません。

自己投資→事業投資→金融投資

この順番で投資をしていくことがおすすめです。

ここ最近では、20代の方でも積立投資をしたりと、早いうちから金融投資を行うことが一般的になっています。そういった積立投資は年利が大体3%～5%あれば良い方だと思いますが、仮に100万円というお金があったとしたら、年間で3万円～5万円増えるというような状況です。

「月利で10%返ってきます」なんていうような〝美味しい投資〟の話が耳に入ってくるケースもあるかもしれませんが、実際にはリスクを抱えていたり、投資ではなく投機である場合が多いものです。仮想通貨と同じように、大きく利益を得た人たちがいる反面、大きな借金を抱える人たちを生むようなギャンブル性があるわけです。

金融投資よりも事業投資の方が利益率は高くなる可能性が出てきます。

たとえば自分自身が1000万円の投資をした時に、金融投資であれば年間30万～50万円ですが、事業投資の場合、しっかり自分の事業を作る力があれば、年間30万～50万円以上の利益を得ることはそう難しくはないものです。

だからこそ、多くの経営者は自分の資産を金融投資に充てるのではなく、事業を拡大したり新しいビジネスを興すことに使うわけです。

とはいえ「じゃあ、とにかく事業投資から始めればうまくいくんだ」というわけではありません。事業投資をするためには、その投資から利益を回収するためのスキルが必要になっていきます。そして、**そのスキルを身につけるためには自己投資が必要不可欠**です。

たとえば金融投資の金額と比較しやすいように、マーケティングやライティングなどのスキルを身につけることに100万円の自己投資が必要だとします。100万円というお金を自己投資に使うことはリスクが高いように感じる方も多いでしょう。

ただ、実際に投資という観点で考えてみると、「100万円の自己投資」をして「月に10万円稼げるようになる」ことは、十分可能性があるものです。

もちろん投資するだけではなく、自分自身の努力も必要にはなってきますが、月10万円を稼ぐスキルを身につけると、1年間で120万円の利益が生まれるということです。

100万円の投資で年間3~5万円の利益しか生まれない金融投資と比べて、この利益率がいかに高いかは一目瞭然です。

金融投資から始める20代の方が多い現代だからこそ、特に自分の手元にお金がない時こそ、自己投資が効果的だとおすすめします。

自己投資をすべきといっても、「何に自己投資すべきか」と迷われる方も多いでしょう。

私がおすすめする自己投資の内容は、次の3つです。

「スキル」

「知識」

「出会い」

これらの要素からまず自己投資をしていき、ビジネススキルが身についてきたら、事業投資、その後に金融投資と進めていくことが王道のルートになります。

●そもそも、「お金」とは何か

セルフマネーリテラシーを身につける上では**「お金というものは何なのか」ということを知っておかなければなりません**。

そもそもの前提として、**「お金自体には価値はない」**ということを多くの人は忘れています。

当たり前のことですが、1万円札は〝ただの紙切れ〟です。なのにどうして、ただの紙切れに私たちは価値を感じるのでしょうか？

それは「1万円札に価値があると感じている人が大勢いるから」に他なりません。**〝価値があると感じている人がいるから〟価値がある**のです。

たとえば「私と握手をしたい人」を募ったとしても、お金を払ってまで集まってくれる人はいないでしょう。つまり、握手自体に価値はないということです。

しかし、人気アイドルとの握手となれば、数万円払っている人がいてもおかしくないものです。

そう、「アイドル」に価値を感じている人がいるからですよね。アイドルという価値が高まれば高まるほど、握手自体の価値が上がっていくのです。

これを自分自身に当てはめるとどうでしょう？

「自分に価値を感じる人を作る」ということが、お金を得るために重要になるということです。

それでは価値を感じている人がいるかどうかは、何によって決まるのでしょうか。

「何で自分を売るか」「どこで自分を売るか」が大きな影響を与えます。

たとえば「英語が好きで、少しできる人」が英語を教える仕事を日本でしようとすると、競合も多く、英語ができる人も多いという点から、そこまで高い給料は得られない可能性もあります。

しかしこれが「外国人向けに日本語を教える」という形になれば、給料も高く、ビジネス的にも当たる……。

そんなケースも実際にありました。

また最近「海外で寿司屋をやった人が年収8000万稼いだ」といったニュースがありましたが、これは「どこで自分を売るか」によって価値が変わるという良い例だと思いました。

寿司というものに価値を感じる、つまり価値のレベルを高く（円安もあるのでそれだけの理由ではないですが）感じる人が海外のほうが多いということになります。

どうしたら自分の価値を感じてもらえるのか？
自分の価値が最大化される場所がどこなのか？
これらを考えると、お金を得やすくなっていきます。

「お金そのものには価値はない」

ここをきちんと理解しておくと、どこに自分を置いていけば自分の価値が最大化されやすいのかもわかってくるのです。

第５章のまとめ

・上司や会社の仕組みが管理をしてくれないリモート時代にこそ、セルフマネジメントが必要。

・セルフマネジメントを構成する「５つの管理能力」

①時間管理 ②体調管理 ③モチベーション管理　④メンタル管理 ⑤マネー管理

・特に重要であるのは「時間管理」と「メンタル管理」

・時間を増やすためには、「目的は何なのか」を考え、目的に対して「何をやらないか」を決める。

・時間を増やすために、「どのようにタスクを管理するか」だけではなく、「どうすればタスクがなくなるか」を考える。

・メンタル管理をするために必要な心の３大欲求が満たされるように活動していく。

・現実を変えていくためには「セルフトーク」を変える。

・投資をする時は「自己投資」→「事業投資」→「金融投資」の順番に行う。

・「お金そのものには価値はない」ことを理解し、自分自身に価値を作る。

最 終 章

アクションプラン　今から行動しよう！

これから必要な3つの取り組み

ここからは、**「自分にぴったりのキャリア戦略を立てる」**というお話をしていきます。まずキャリア戦略を考える際には、**「『長期』で自分のキャリアを考える」**という見方が非常に重要です。

第1章でお話ししたように、日本の現状、そして未来を考えると、これからは会社に頼らず、自分の力だけで生きていける状況を作らなければなりません。

そのためには、これから紹介する3つの取り組みを始めていただきたいと思います。

取り組み1 「ソフトスキル」を養う

ソフトスキルの逆はハードスキルですが、ハードスキルとはプログラミングやWEBデザインなど、多くの人が一般的に想像するビジネスの力のことです。それに対してソフトスキルとは「コミュニケーション能力」や「問題解決能力」などです。

長期的な見方をすれば、第4章でお伝えしたように、ハードスキルは今後どのように変わっていってしまうかわからないもので、ある意味コモディティ化もして、陳腐なスキルになってしまう可能性もあります。

一方、**ソフトスキルは普遍的なもの**です。個人で何か事業をやっていこうと思った際にも必要になる力ですし、たとえ普通の会社員であっても重要なものです。

このソフトスキルを軽視している人が多いのですが、ここをしっかり伸ばしていくということがキャリアの選択肢を広げていくことに繋がります。

●取り組み2　人的ネットワークを作る

これからは〝同じ会社にずっと勤める〟ということが考えづらい世の中です。そこで、いかに**会社以外の人的ネットワークを作っていくことができるか**が大事になります。
つまり**〝会社の名前〟ではなく〝自分自身の名前〟に対して評価してくれる人を増やしていく**ということが、自分の力で生きていくためには重要になってきます。

近年は、オンラインサロンやSNSを通して簡単に人と繋がることができる時代です。私自身も、オンラインコミュニティへの参加を通じて、常にネットワークを広げる努力をしています。

●コミュニティを見極めるためのポイント

とはいえ、「どのようなコミュニティに参加すればいいの？」と疑問を持つ方も多いと思いますので、ここで良質なコミュニティを見極めるためのポイントをご紹介しましょう。

ポイント1 定期的かつリアルで会う機会

どれだけテクノロジーが発達して時代が変われども、「対面」の機会なしには、円滑なコミュニケーションは生まれません。懇親会や直接のセミナー、交流会など、直接リアルで接点を持つことのできるコミュニティに参加しましょう。

ポイント2　主催者がＨＵＢになっている

コミュニティ主催者の人脈を確認します。なぜなら主催者と仲良くなることが叶《かな》えば、そこから数珠繋ぎに人的ネットワークを広げることができるからです。

ポイント3　審査制

誰でも参加できるようなコミュニティでも構いませんが、できれば審査を行っているコミュニティへ参加しましょう。

コミュニティへ参加した後は、ただ受動的に「お客様意識」でいてはいけません。何か主催者やコミュニティへ貢献できることはないか？　常に考えを巡らせましょう。

そのために必要なのは「気遣い力」です。スキルがあったとしても気遣いをすることができず、知らないうちにチャンスを逃している方が多くいます。

そして多くの方がそのチャンスを逃していることに気づいていないのではないでしょうか。

たとえば仮に「セールスのスキル」に自信がある人でも、返信が遅い、時間を守らない、期日を守らないなどがあれば、当然仕事を任せてもらえませんよね。

他にも相手が今何を求めているのか、どのようなメッセージを送った方がよりわかりやすいのか。そのような細やかな気遣いをもっと見直していく必要があるのです。細やかな気遣いができていない人が多くいますが、これはセールス、マーケティングや他のスキルを身につける以前に大切なことです。

スキルはもちろん大切ですが、**日々の些細《ささい》なことから見直していただければよりチャンスを掴めますし、スキルを磨いた時にさらに活かしていける**ことでしょう。

取り組み3　マーケター感覚を養う

スピーディに変化する状況のなか、それに合わせて何が求められているのか、どこに自分の身を置けば高く売れるのか、を考える「マーケター感覚」を養っておかないと、変化に対応できなくなってしまいます。

これは、末永く活躍するための長期的な視点。ここではさらに「短期」的なマーケター感覚も必要です。

つまり**「今、どの業界を選ぶか」**ということ。

次の3つのポイントを軸に考えてみましょう。

- **生産性が高い業界か？**
- **会社がやっていることに共感できるか？**
- **ある程度の時間が確保できるか？**

当然のことながら、生産性が高い仕事のほうが、基本的には給料や得られるものが多くなるでしょう。

一方で、会社がやっていることにしっかり共感できるのかも、会社を選ぶという点で考えてほしいと思います。

人は〝世の中の役に立っている感〟がないと、その仕事を続けていくことが難しいものです。自分がやっていること＝会社のやっていることにも通じてくるので、会社がやっていることにしっかり共感できれば、自分の仕事が世の中の役に立っていると考えていきやすいでしょう。会社のやっていること……わかりやすく言えば「会社の代表者の考え方」に共感できるかも考えた方がいいでしょう。

さらに大切なポイントが「ある程度の時間を確保できるかどうか」ということです。長期的な視点で考え、人的ネットワークを作っていかなければならない……そのためには「時間」が必要です。自分の時間が取れない仕事をしてしまうと、長期のキャリア構築ができません。

その仕事が「人的ネットワーク作りなど、会社外での活動の時間をしっかり確保できるのか」は必ず考えたほうがいいでしょう。

もちろん、会社の仕事自体が独立後の人的なネットワークに繋がっていく仕事であればなお良いでしょう。

たとえば、出版社の編集者であれば、著者との関係性を作ることで、独立後も人的ネットワークが拡がっていきます。会社員としての仕事自体が、長期的な視点で考えたキャリア戦略に活かしていくことができるわけです。

その仕事自体が人的ネットワークに繋がるのであれば、多少時間が取れない仕事でも、やってみる価値は大いにアリかと思います。

●そもそもこれ以上経済成長って必要？

今、世の中を動かすベースとなっているのは「資本主義」というものです。

しかし、これからこの資本主義が徐々に切り替わっていくような可能性が出てきているのです。

そもそも資本主義とは基本的に、**経済成長させていこうという考えのもとで、GDPが成長していくことを前提**に組み込まれていたりします。

そのため経済を発展させ、活性化させていくためには人口を増やし、常に物を消費している必要があるわけです。今の世の中は、多くの物やサービスを作り、多くの人が買う……という形で回っているわけですね。

ところが、**この形がいよいよ崩壊しかけてきている**、ということです。

そもそもの問題として……。

「人類にこれ以上経済成長していく必要性があるのか？」という問題が出てきました。

たとえば、いまだに発展途上国などにおいて、食糧不足の問題は解決されていません。ですが、すでに全ての人が食べるのに困らないだけの食糧が生産されているといわれています。

日本においては、食糧不足ではなく、食品ロスなどが問題になっていますよね。〝餓死する〟なんて可能性はかなり少なく、むしろ多くの人には〝食べ過ぎて太って健康を害する〟という可能性のほうが高いわけです。

生活に関しても、家具や家電を含めてエンタメなども非常に充実しているので、正直生きるのにもう困らない世の中にもなってきています。

これからどんどん人口が減っていく日本では、売る商品も、また買う顧客もどんどん少なくなっていきます。

「経済を成長させる」ことを考えれば、人口を増やしていかなければならない。その結果、二酸化炭素が増えていくなど、環境を壊し地球を汚してしまうという問題にも繋がっていきます。

そう、**経済成長を進めたからといって、良い世の中になっていくとは限らない**のです。

●資本主義の終わりは近い？

「無理に経済成長しなくていい」

そんな世の中になった時に、私たちは何をするべきなのか？

それがこれからの働き方の、大きなテーマとなるでしょう。

「何のために生きるか？」

「何を目標に頑張るか？」

「どんな人であるべきか？」

どうやってたくさんお金を稼ぐか？　ということ以前に、そんなことが問われてきているのが、今の世の中でしょう。

世界中の〝世の中を動かしているような〟権力者、経済や政治に精通した重要人物が一堂に集結し、世界経済や環境問題について幅広いテーマで討議するダボス会議というものが毎年行われています。

コロナ禍により中止されてしまったものの、2021年のダボス会議で予定されていたテーマが「グレート・リセット」というものです。

グレート・リセットとは、今までの世の中は資本主義社会でとにかく経済を発展させていくという流れでした。それに対して、**「いつまでこの資本主義を追い求めるのか？」ということを考える**こと。……つまり**「世の中のリセット」**が世界で議論され始めているのです。

今の世の中はもう十分発展しています。

人類はある程度生活には不自由ない状況まできているでしょう。

それでも資本主義を追い求め続けると、そのためには経済発展させなければいけない、利益をあげなければいけないという形になります。

そうすると人口も増やし続けなければならないでしょう。

もちろん人が増えることは良いことでもあるのですが、前述のように、人口が増えることによって今後、二酸化炭素の問題など、環境汚染が発生します。

もちろん、だからといって「人口を削減したほうがいい」などといった安易な話ではありませんが、ここでは、今、世界では「経済をどこまで発展させるのか」ということが議論されている、という事実を知っていただきたいと思います。

●「稼がなくていい時代」に私たちは何をするか？

「ベーシックインカム」という言葉を聞いたことがあるでしょう。簡単に言えば、**政府が全ての国民に対して、生活していくための最低限のお金を配る**、というものですね。

今後この施策がどうなっていくかはまだはっきりとはわかりませんが、これから「資本主義を追い求めない」「経済発展を望まない」という流れの中で、「そんなに稼がなくてもいいのではないか」というような世の中になっていく可能性は、非常に高いでしょう。

「お金を稼がなくてもいい時代」になってくる……。

だからこそ今後問われてくることは、「自分がどのように生きるのか」「どう自分を表現するのか」などといったことではないかと思います。

「たくさんのお金を稼ぐために働く」ことは、もはや時代遅れに。

「どうやって稼ぐか？」よりも「何をするのか？」を考えていきましょう。

最終章のまとめ

- 会社に頼らず、自分の力だけで生きていける状況を作る必要がある。
- プログラミングやWEBデザインなどの「ハードスキル」は人気が出るほど相対的に価値がなくなる。
- 「コミュニケーション能力」「気遣い力」といった「ソフトスキル」を身につけることで、普遍的に必要とされる人材になれる。
- 同じ会社にずっと勤めることが難しくなった今、会社以外の「人的ネットワーク」を作ることが重要。
- 「会社の名前」ではなく、「自分の名前」で評価してくれる人を増やしていく。
- そのために適切なコミュニティ選びをしていく。
- 変化が激しい時代の中で、それに合わせて何が求められているのか、どこに自分の身を置けば高く売れるのかを考える「マーケター感覚」を養う。
- 「たくさんのお金を稼ぐために働く」ことは、もはや時代遅れ。「どうやって稼ぐか？」よりも、「何をするのか？」を考えていくことが大切。

特 別 章

『20代のための人生デザイン講座』特別対談

【特別対談①】猪原祥博さん×林宏樹

～転職はしなくてもいい？「社内起業」という新しい選択肢～

特別対談の1人目は、猪原祥博（いのはら・よしひろ）さんです。

NTTのイチ平社員から電子コミック・書籍ストア「コミックシーモア」を立ち上げ、会社にいながら連続して業界シェアNo.1の会社を創業されました。

会社に所属しながらも、会社の名前、お金、人脈、その他資源を存分に使いながら自分で好きな仕事をつくる、「社内起業家」という新しい働き方についてうかがいます。

林　さっそくですが、猪原さんのこれまでのキャリアをうかがわせていただけますか？

猪原　私はNTTという会社に新卒で入り、だいたい27年間くらい働いています。そしてそのキャリアのほとんどを「新規事業開発」の仕事に費やしています。

企画を立て、承認をもらい、子会社にして切り出して、事業を立ち上げて、また新規事業を作る部署に帰ってくる……ということを3回くらい繰り返し、今もその最中です。

1社目はコミックシーモアを立ち上げる「NTTソルマーレ」という会社です。27歳の時に立ち上げました。5年くらいでなんとか立ち上がりました。

次が34歳の時。「NTTスマイルエナジー」という再生可能エネルギー関連のビジネスをやる会社を立ち上げました。ここには8年間いて、（本社に）帰ってきてから2年ほどして、今度は「NTT PARAVITA」というヘルスケア事業の会社を立ち上げに携わっている最中です。

林　なるほど。本社の社員でありながら、3社も立ち上げられた稀有《けう》な実績をお持ちなわけですね。

猪原さんのキャリアの中では、いわゆる「転職」などを考えたタイミングはなかったのでしょうか。

猪原　あったかもしれません。少なくとも、頭をよぎったことはあったと思います。収入面だけを考えるのなら、独立というかたちを取るほうが適しているかも……とも思います。ですが、新規事業は〝大義〟が重要で、大きな事業を成し得ようと思った時に、やはり会社員でいることのメリットはとても大きいと思っています。

林　なるほど。新規事業を立ち上げるなどを経験をされると、今度は「自分でやろう」と思ってもよさそうな気はしますが、そこは「やれる規模感が違う」ということでしょうか。

猪原　事業を立ち上げる時には、それを実現させるための「環境」がありますからね。会社の名前、お金、人脈、その他資源を存分に使いながら、社内起業家としてやり切るほうに動きました。

林　それでも、会社にいて、時には嫌なこともありますよね。そういった時に「会社を変える」、すなわち転職する、という決断までには至らなかったということでしょうか。

猪原　そうですね。結局僕は、降ってくる仕事のかたちを変えて、自分がやりたいものに変化させているので、嫌なことというのはある意味〝一時〟の話。変えて、それを自分の仕事として承認をもらえば、やりたいことがやれます。どこへ行っても一緒だなと思います。

林　確かに、それはそうですよね。今の若い方……20代の方だと、何か嫌なことがあるとすぐに「辞めようかな」と考えてしまう方が多いと聞きます。そういう安易に「嫌だから辞める」という考え方に対してはどうお考えでしょうか。

猪原　その人の人生なので、やはりその人が自分で後悔のないようにすべきだとは思います。死ぬ時に後悔しないように生きることが先決です。

林　「どちらでも良い」という感じでしょうか。

猪原　そうですね。先ほど「独立して、自分で事業を立ち上げようとは思いませんでしたか?」という話がありましたが、実は、自分でやっている事業もあります。僕は副業もしているので、会社とwin winにならない事業は「やりたいものがあったら自分でやる」というスタンスでやっています。

そういう意味では、もし会社員として会社を辞めたいのであれば、辞めてもいいでしょうし、会社をもっと利用できることを何かやってみてから辞めるのも一つの選択肢だと思います。

結局、何もやらずにグズグズしているのが一番良くないので、どちらにしても行動するべきだと思います。

林　会社をうまく活かして事業もする。そうでない場合は自分でやる。こういうのは本当に新しい働き方だなと思います。

多くの会社員にとって、リスクヘッジというか、会社員としてのお給料も貰《もら》いながら自分でも事業ができるし、会社でもさまざまな経験ができるとなると、理想的なキャリアの作り方だなと感じます。

こうしたお話を聞いて、「社内起業」をやってみたいという方も多くいらっしゃると思いますが、とはいえ、全員ができるわけでもないでしょう。社内での企画や提案などが通りやすくなる考え方は猪原さんの中でありますでしょうか。

猪原　あります。よく「俺は新規事業をこんなに考えているのに」という若者がいます。僕は新規事業の部署に20年くらいいますが、よくありがちなのは、「儲《もう》かります」というプランを作って玉砕する、というパターンです。

事前に、顧客単価や、市場分析をこれでもかと、緻密に積み上げて一生懸命に準備しても、結局、人間の感情はそれではあまり動きません。そこはあくまで「理屈」に過ぎないんです。

僕はいつも、世の中をどう変えたいかとか、今問題になっていることをどうしたいんだ、といった「大義の部分」が重要だと考えています。大義をまず自分に腹落ちさせた後に、人に話して巻き込んでいく……というやり方をします。プランではなく「大義」と「共感」が先にあるわけです。そして最後にプランを一緒に考えましょうというスタンスです。

お互いにやりたいことが決まったのであれば、まず大義を考えてからプランを考える。玉砕する人は、大義がなくプランだけを話しています。これを理屈で納得させようとするので面倒臭がられてしまい、自分の提案をうまく相手に通すことができないのです。

「他にもやることある」「それは唯一無二のプランじゃない」などつっこみどころが満載になってしまい、つっこまれたら、またその材料を用意しようと、プランづくりだけを一生懸命やろうとします。

でも、そもそも新規事業なんて〝やってみないとわからない〟という物なので、理屈だけで説明がつく物ではありませんからね。

林　決裁権がある人は、理屈よりも、大義に響く人が多いということでしょうか。

猪原　そうですね。〝左脳（思考）の仮面〟を皆さん被っていますが、実際は人間は善なるものだと思っています。なので、「世の中にとって良いこと」をやろうと発案すれば、基本的にウェルカムなはずです。

結局、意思決定は人間がやっているので、人間が反対したくないようなもの……積極的に賛成をしなくても別に会社としては〝黙認＝承認〟だと思うので、反対されないような立て付けで共感を得るというのが根底にある。本気で良いことをやろうとしている人を止めることは、人間的にはストレスなのだと思います。

林　たしかに。

猪原　そのストレスから逃げたいということです。

最後は左脳のところで「儲かります」と当然のことのように言いますが、実は承認している側からすると「俺をうまく騙してくれ」というような感じです。やってみないとわからないと皆さんわかっているから。

林　たしかにおっしゃる通りですね！　ただ、大義的な部分も大切だと思いますが、とはいえ普段のその人の人間性というか、「誰が言うのか」という問題も重要ではないかと思います。そのためにも、何か普段から心がけたり、社内での立ち位置を作っていく上で工夫していることはありますか？

猪原　僕はいわゆる〝社内政治的〟なところが苦手で、そういったことのノウハウに関しては、今でもよくわかりません。

「僕は本気です！」というのは、僕自身が腹落ちしておけば言えますよね。それをベースに、表も裏もない状態で、会社と面と向かって話をします。

当然、意思決定のプロセスの中で「影響力を持っている人は誰か？」「キーマンは誰か？」ということはわかるものです。

少し質問のポイントからずれてしまうかもしれませんが、結局、そういう人に話をして、僕が良いことをしようとしているのがわかってもらえるとしますよね。そうしたら、そこからまたいろいろと言われますが……ネガティブな話はあえて拾い上げずに、「そこは一緒ですよね、○○さん」と、会話をしている中で、ポジティブな話を取り上げるようにする。反対ではなくて共感のシェアを高めていきます。
すると、話し終わった時に相手は、「少し反対しかけていたけどまぁいいか……」となります。
相手にとっての「ここだけは外したくないポイント」というのは、プランの中にあるはずです。

「まずはここから先にやれ」とか、「B to Cはやるな」「B to Cにしろ」といった、こだわりがありますよね。意思決定者の大きなこだわりであって、僕にとってはこだわりではないところは、喜んでプランの中に入れて擦り合わせるという感じです。

林　なるほど。とても参考になります。ありがとうございます。

＊＊＊＊＊＊＊＊＊＊＊＊＊＊＊＊＊＊＊＊＊＊＊＊＊＊＊

林　次に、事業を立ち上げる上で、自分の「強み」や「弱み」を意識されることはありますか？

猪原　とても意識しています。あるグローバルの調査だと強みを発揮している人は、そうではない人に比べて6倍生産的で総じて「幸福だ」と答える確率が高いといわれています。60％ではなく6倍。なので、僕はむしろ〝弱みを諦める〟ぐらいの考え方で、「強みこそ伸ばせ」とやってきました。

では、「強み」とは何だという話になりますが……それって、わかりづらいですよね。

たとえば20代の子たちが「あなたの強みは何ですか」と言われて「私はこれです」と、スパっと答えられる人は逆にすごいなと思います。

フィルターのかけ方としては、〝自分が楽しくてワクワクできる対象〟にこそ、強みが内在されている。もしくはが自発的に「これをやらせてください」「これがやりたいです」と言えるもの……そこに強みが内在されていると考えています。

林　なるほど。若い20代の方はいろいろなことを経験してみないとわからないというのは本当に思いますが、「ワクワクするものがない」という方に対しては、どのようにお考えですか？

猪原　立ち止まっては駄目で、動き続けることが基本になるでしょう。誰もが子どもの頃は〝楽しい！〟と感じるセンサーを必ず心の中に持っていたはずです。でも大人になって会社に入ると、オフにしなくてはいけないという変な同調圧力がかかって、いつの間にかオフにしている。

そのセンサーをオンにして〝自分は楽しいことを感じられるんだ〟と信じれば、基本は「こっちよりもこっちの方が楽しい」なんていう、微妙な違いだったとしても、ワクワクを感じられるようになるはずです。

それを匂いや音、耳で聞いたもののようなレベル感の〝楽しいというセンサー〟をオンにして、とにかく動き続けることで、微妙な違いに気づき始めて、それがやがてもう少し際立つというか、解像度が上がって「こういうことが楽しいと感じるんだ」と、段々とわかってくるのではないかと思います。

林　本当にその通りだなと思います。自分の中の〝楽しさを感じるセンサー〟をオンにするためにも、まずは選り好みせずに動き続けること。このメッセージは若い方にとっても参考になると思います。

▼20代へ、猪原さんからのアドバイス

林　最後に、今20代の方々に、転職先を決める上で、重視するべき点など、何かアドバイスをお願いします。

多くの20代が、大義や自分の好きなことではなく、年収や条件だけで自分の人生を選んでしまう気がしますが……。

猪原　そうですね。まずは「どうなりたいか？　なにがしたいか？」ということがあって、その上で「ここ（転職先）だとそれができる」という組み合わせが、やはりいいだろうなと思います。

いわゆる経済的な条件だとか、ホワイト企業か、ブラック企業か、などといっ

た尺度ではなく「自分がやりたいこと」が先にあり、「それをやれる可能性が高い場所はどこなのか？」という観点で新たな仕事先を探してみるのはいいかなと思います。

僕は「企業そのものに、良い悪いはあまりない」と思っています。むしろ自分が何をやりたいか？　どんな人間になりたいか？　死ぬ前にどう思って死にたいのか？　という話が先にあって、その観点から働き先を選んでみることが重要だと考えます。

林　条件はとりあえず取っ払った上で、死ぬ前に後悔しないようにと考えた時に、「こういう事業だったら関わっていきたいな」と思うものをやっている企業を優先的に選んだ方がいいのではないか……ということでしょうか。

猪原　そうです。僕だったら「事業開発を通じて世の中をより良い場所に変えていきたい」という思いがあります。そうすると、それを成し得るのに今僕がいる企業は非常に合っています。でももっといいところがあるかもしれないと思ったら……同じ目線で探していく。

新しい働き先を探すというモチベーションは、今は特にありませんが、どこか新しい働き先を探そうと考えたのであれば、それを見つけるために色々やったと思います。たとえばボランティアでも全然いいと思います。

転職そのものが目的になっているというか、「転職したら何かいいことが起きるのではないか」という考えの人も多いのかもしれませんが……。

林　僕もいつも思うのですが、「今の場所が嫌で他に行く」という人は、場所を変えてもうまくいかないことが多い。「他のところに行きたいから今いるところを辞める」ならいいと思いますが、「今のところは嫌だから他のところを探す」というスタンスでいる以上は、結構きついなと思っています。

猪原　そうですね。採用するという立場から見ると、やはりコロコロ仕事を変えている人は少し敬遠したいなと思ってしまいます。「1年ごとに職が変わっています」となると、「うちでも1年でいなくなるのではないか」と思ってしまうので。

林　特に今は本当に会社の採用は大変ですよね。自分の価値観をしっかり分かった上で、次の転職なり何なりを選択していくことが重要ということですね。ありがとうございました。

■猪原祥博（いのはら・よしひろ）プロフィール

1973年生まれ。連続社内起業家。NTT西日本の新規事業の創出組織に所属。500万人に1人しか持ち得ない社内ベンチャー実績を持つ日本でただ一人の会社員。国内最大級の電子コミック配信サイト「コミックシーモア」を運営するNTTソルマーレ、太陽光発電の遠隔監視装置「エコめがね」を展開するNTTスマイルエナジー、ねむりのDXによって未病ケア社会を創るNTTパラヴィータの戦略子会社を3社連続して立ち上げ。社内ベンチャー・新規事業創出のプロフェッショナルとして、NTTドコモ、NTT東日本など複数の企業社員に対して講師を勤め、慶應義塾大学、大阪市立大学などでも講演を行っている。

【特別対談②】長倉顕太さん×林宏樹

～会社を辞めようか迷う人へ。「良い職場」を見極めるポイントとは～

特別対談の2人目は、長倉顕太（ながくら・けんた）さんです。編集者としてベストセラーを連発。今までに企画・編集した本の累計は1100万部を超えるほど。最近ではスタンフォードオンラインハイスクールの星校長のプロデュースなどを通じて教育事業を手がけるなど、ご活躍されています。現在はプロデューサーとして活躍されながら、20代向けコミュニティの顧問もつとめている長倉さんに、20代のための「良い職場の見つけ方」についてうかがいます。

林　20代の人たちはキャリアについて悩むことが多いと思います。特に「嫌だから会社を辞める」というパターンが散見されますが、それに対しての長倉さんの考えはありますか？

長倉　ベストな選択は、もちろんやりたい会社、やりたい仕事を見つけた上で辞めることです。これが理想形だとは思います。
とはいえ「今働いている会社の状況と環境のままだとキャリアの成長に繋がらないんじゃないか？」と感じて、その焦燥感から、次の見通しも立たないままに、仕事を辞めてしまう人も多いのでしょう。

林　多くの20代と接する中で、私もよくそうしたケースを目にします。

長倉　そのときに「ダメな会社を見極めるポイント」があります。
それは「時間的な自由や余裕がないところ（会社）はダメ」ということです。朝から夜中まで働かされて、休みも取れないという状況が一番ヘビーです。今いる会社がこうした状況であれば、辞めるべきでしょう。
今はキャリアアップやスキルアップを考えるのならば、個人的に勉強し続けなければいけない時代になっています。そのときに「勉強する時間」や「新しい経験をする時間」が全く作れない状況というのは非常に危険です。そのまま10年間を過ごしたとしたら、30代になっても勉強をする習慣のないまま大人になってしまう。これが非常に危険だと思います。勉強をする時間がなくても、仕事自体が〝多様なスキルが身につくような仕事〟であれば、それはそれでいいと思います。

たとえば自分の例で恐縮ですが、「出版社の編集者」という仕事は今、非常に多くの分野で活躍できる可能性があります。企画力、編集力、コミュニケーション能力、そしてマーケティング力を駆使するのが編集者の仕事ですからね。出版社の編集者であれば多少時間的な余裕がなくても会社で働いてること自体が次（のキャリア）に繋がります。

逆にいえば、次に繋がるスキルが身につかない仕事であれば、時間的な余裕がない場合は、さっさと辞めた方がいいと思っています。

林　なるほど。最近ですと、いろんな働き方やフリーランスが流行ってきている状況ですが、長倉さんご自身も著書『ＧＩＧ　ＷＯＲＫ』（２０１９年10月、すばる舎）という本を出版されましたよね。ギグワーク的な働き方、フリーランス的な働き方について長倉さんはどう考えていますか。

※ギグワーク……「短時間・単発でできる働き方」を指す言葉。

長倉　『GIG WORK』という本を出したのは2019年、まだコロナがなかった時代でした。ただ、サンフランシスコに住んでいて、アメリカ人の働き方を見た時に、どんどん世の中がギグワーク化していくというのを感じました。

その後に、コロナ騒動が起きた……そのときに「これは20代にとってチャンスなことが起きた」と思いました。

以前は、世の中の多くの会社で、リモートワークは許されない状況でした。しかしコロナのおかげで状況は一転、リモートワークが可能になり、今ではリモートワークができる会社もごく一般的なものになりつつあります。

この変化は、多くの若者が仕事を選ぶ上で、追い風になっていると感じます。なぜなら〝時間や働く場所を拘束されるという働き方〟が人生において一番損をする可能性が高いわけです。そうした中、リモートワークができる会社であれば、時間的な拘束も、場所的な拘束すらない働き方を会社員でありながら、実践できると。これがすごいインパクトだと思っているんです。

林　本当に今の時代は、働き方のバリエーションも多様になっていると感じます。

長倉　今までの私は、「会社を辞めた方がいいよ」という話を一方的にしていたんです。もちろん今でも、大半の人は会社を辞めた方がいいと思っています。日本の会社員はすごい損をするし、損しているのにもかかわらず、何の保証もメリットもないので。

基本的には「今の会社を辞めた方がいい」「会社員じゃないほうがいい」と思いますが、世の中には「会社員が向いている人」もいる。そんな中で、会社員の働き方が変わったということは結構大きいな、と思うんです。

「リモートもＯＫ、副業もＯＫ」という時代になった……本当にすごい時代だなと思います。

この流れは、今後も加速していくでしょう。そうすると「ギグワーク化」が起きるわけです。週３日どこかで働いているけど、夜はオンラインで何か別の仕事をしている場合もあったりね。

そんな背景から、20代のうちから多くの選択肢を持っておく必要がある。そして、30代、40代以降に飛躍できるように、まずは自分自身がキャリアアップ、スキルアップできるような環境に身を置くことを重視するべきでしょう。

＊＊＊＊＊＊＊＊＊＊＊＊＊＊＊＊＊＊＊＊＊＊＊＊＊＊

林　次に少しトピックが変わるのですが、この読者の中には「いずれは海外に行きたい」という20代もいると思うんです。留学に挑戦してみたり、もしくはワーキングホリデイ（ワーホリ）に行くっていうこともあると思うんです。留学であったりワーホリに対して長倉さんはどうお考えでしょうか？

長倉　まず「留学」に関しては、〝それなりの英語力を身につけて留学する〟という決意と努力があるかが重要です。

海外のきちんとした大学院に行こうと思えば、勉強が大変だと思いますから。留学を通じて得られる英語力は当然のことながら、「自分自身を鍛える」という意味でも、今後のキャリア形成に大いに役立つ経験となるでしょう。

そして、アメリカや海外で英語を習得することができたなら、できれば向こうで就職した方がいいと思います。なぜならば日本という国が、経済的にも落ちて行く中で、逆に成長を続けていく他の国があるので、そちらを選んだ方が合理的でしょう。

とはいえ、実はそれも難しい現状があって、アメリカに留学した日本人の多くは、最終的には日本で就職しています。

林　そうですよね。世界で戦おうと思った時には、英語ができる人が世界中にいるということなので、逆に厳しい現状もありますよね。

長倉　ただそれは別に悪いことだとも思っていなくて。

これからの時代、たとえばインバウンドの需要はすごく増えると思うんです。日本に観光に来る人たちがこれからも増えて行く。そうしたインバウンド需要に対するビジネスに取り組むのは、一考の価値はありかなと思います。

林　なるほど。次に「ワーホリ」についてのお考えはありますか？

長倉　「良い経験をする」という意味では良いかと思います。ですが、キャリアの観点で考えると、「キャリアアップ」には繋がりづらいと感じます。

ワーホリに行きたいと思う理由に「英語力を身につけたい」ということがありますが、ワーホリで得た英語力をキャリアに活かせるかというと、ちょっと英語ができるぐらいでは英語での仕事ができないという実状もあります。

実際に、多くのワーホリ経験者は日本に戻ってくるわけです。ワーホリが駄目とは言いませんが、20代の貴重な時間をそこで費やすより、本当に英語をやりたいのであれば、頑張って勉強して留学するぐらいの気合いがないと、キャリアというに意味がないな、と思うんですよね。

林　「日本人は日本語しか喋《しゃべ》れない」。このマーケットがある意味有利になってる部分も現時点ではあると思います。

もちろん長期的には日本という市場が厳しくなっていくけれども、今の時点で英語ができないのだとしたら、日本人であれば日本のマーケットで戦った方が勝ちやすいというのも客観的に見ればありだと思います。

このことを客観視できない人が多いので、「英語はできた方がいいのではないか」という、フワッとした理由だけで行ってしまうと、あまり意味のないものになってしまうと思います。

長倉　ですが、「人生のきっかけ」にはなると思います。ワーホリをきっかけに、海外に住みたいから留学しようという場合もありますし。私自身も20代の時に語学留学に行ったことがありますが、実際のところ英語も大して身につかなかったし、ブラブラしていただけです。

とはいえ、日本に帰ってきてから色々視野が広がった。考え方が変わった経験があります。そういう〝きっかけ〟としてのワーホリはありかなと思いますが、スキルアップということに関しては、あまり期待できないのではないかなと思います。

▼20代へ、長倉さんからのアドバイス

林　最後にこれを読んでいる20代に向けて長倉さんから一言頂けますでしょうか。

長倉　人生とかキャリアを考える際には、そのための「戦略」が必要です。私がいつも若者に話している人生の基本的な戦略は何かというと、「今自分が持っているリソースをどこに投資するか」ということです。

これはビジネスも含めて、全てにおいて言えることでしょう。「自分が持っているリソース」とは簡単に言うと……「時間」「能力」「人脈」そして「お金」です。

20代は、これらをほとんど持っていないわけですよね。

そんな中で唯一あるのが「時間」。時間だけは最強に持っている。ただ、使える時間はあるかもしれないのだけれども、さっき話した通りで、会社員で拘束時間があまりにも長いとその時間すら持てなくなる。

20代が「時間を持てる」というのは2つの意味があって、ひとつは「毎日の時

間がある」ということ。そして「死ぬまでの時間が長い」ということですよね。そうすると、時間をどこに使うのかというのが最重要になってくる。

私がいつも言っているのは、「時間→能力→人間関係→お金」の順番で資産は増えていく可能性が高い、ということ。だから、時間を能力アップに使う。その能力を使って人に貢献することによって人間関係ができて、そして最終的にお金が入ってくるというのが理想的なストーリーだと考えています。

林　若者が持っている一番のリソースは時間であると。まずはこの時間をどのように使うかが鍵なのですね。

長倉　若者が時間をどこに使うのかといえば、まずは「能力アップ」に使うしかないんですよね。だから、仕事だろうが、仕事以外の時間だろうが、次のステップに繋がるような生き方をして欲しいなと思います。

ただ、その〝次のステップ〟というのは、現時点では予測はできない。ＡＩが出てくるとか、たとえばコロナが出てきたりだとか、世の中がどうなるかは誰にもわからないですよね。

少なくとも言えるのは、最低ラインの話として、マーケティングとか、営業とかのスキルっていうのはビジネスをやる上で必要だということ。そして、今は情報の時代なので、「情報リテラシー」が身につく、もしくはその周辺の仕事であれば、先に繋がる可能性がある。

これらは時代がどう動いても必要なスキルだろうと思っているので、「何をしたらいいかわかんないな」っていう人は、今言ったような3つのジャンルについて経験が持てるような仕事をすると〝生きやすくなる選択肢〟が増えるんじゃないかなと思いますね。

■長倉顕太（ながくら・けんた）プロフィール

累計1100万部編集者 作家／プロデューサー。編集者としてベストセラーを連発。今までに企画・編集した本の累計は1100万部を超える。編集者時代の10年間では、担当した142作中65作が5万部以上、22作が10万部以上、年間ベストセラーに6作ランクインの実績がある。独立後は8年間にわたりホノルル、サンフランシスコに拠点を移して活動し、現在はコンテンツのプロデュースやこれらを活用したマーケティング、2拠点生活の経験を活かしたビジネスのオンライン化／テレワーク化のコンサルティング、海外での子育ての経験（とくにギフテッド教育に詳しい）から教育事業などに携わっている。

おわりに

最後までお読みいただき、ありがとうございました。

日本の未来、20代の置かれている状況、そして世界の流れ……。

ネガティブな話も多々あったかと思います。

でも、ここまでお読みいただいたあなたは、決して〝絶望〟などしていないと信じています。

「身を粉にして働いて」「たくさんお金を稼いで」「それで幸せになる」という時代は、もはや過去のものとなりました。

「何のために働くのか？」

「何を目指して働くのか？」

それを問われる時代……。

それって、大変ではあるけれども、悪いことではない、楽しいことだと私は思っています。

「有名な大学に入って、大企業に入って、定年まで勤めて、それでハッピー」

そんなことが定説のように捉えられていた時代は、もう終わりました。

これからは、あなた自身が、あなた自身をよく理解し、あなたに最高にマッチした人生を〝自由に〟デザインしていく時代です。

世の中の流れを知り、自分自身を知り、そして自分をコントロールしていける人材が輝いていく時代……。私はこれからの時代をそう考えています。

「そうは言っても林サン、まだなんか不安だよ」

そう感じる方は、ぜひ私にご連絡ください。

私の元には、あなたのように〝自分の人生をデザインして輝かせよう〟と奮闘する若い人々が集っています。
そんな人々との繋がりからも、あなたもぜひ、「人生デザイン」を描いていっていただきたいと思います。

2023年4月

林宏樹

モヤモヤを抱えながら働いているけれど、「安定」を捨てるのが怖い。そう思っていましたが、本当に今の環境が「安定」なのか？を考え直すことができました。今では自分に何も戦える能力がないまま定年を迎えて過ごす方が怖いです。もっと自信をもつ働きをしていきます！●匿名（薬剤師）視点の高い方々のいる環境で仕事をする重要性を実感し、脱社会人を目指して行動に移すことができました。前は会社の同僚や家族を優先に考えていましたが、今では自分が何がしたいか軸を持ち、主体的に行動できるようになりました。時には厳しい声をかけていただき、自分のリーダー的マインドや、プロ意識の欠落を再認識し、次回までの課題や問題点に向けて行動できるようになりました。●高橋巧さん（システムエンジニア）それなりにいい給料をもらっている会社に勤めていたため、現状に不満はないと思っていましたが、林さんとの出会いをきっかけに、日本という国自体が衰退していることに気がつき、このままではダメだと考えるようになりました。●河尻拓磨さん（介護福祉士）今の仕事を続けることはリスクでしかないと林さんから教えていただきました。20代だからこそ、これからの未来を考えた時に、今の生活だけではなく、30年後〜60年先までみて今行動することが大切だと学びました。●五十嵐秋穂さん（歯科衛生士）仕事は最低でも3年は続けなきゃいけない世の中の固定概念、続かない自分はおかしく、異常だと思っていました。今まで同じ業種で、他業種の人と出会うこともなく過ごしていたのでキャリアを変えたら自然とかかわる人も変わり、毎日新しい気づきを得られるようになりました。●堀陽登さん（家具製造）今までは他人の指示でものを作る側の人間でした。「このままでいいのか？」と悩んでいる中で林さんと出会い、自分はただ待っている側の人間だったと気づくことができました。そんな自分を変えるため、地元で積んだキャリア、車などすべて捨て、営業力を培うために行動したいと思います。●渡邉将成さん（会社員）今までキャリアに対してお金を基準に考えており、そのための手段として会社員が前提という考え方でした。しかし今では自分が「得たい状態」をしっかり考え、そのための適切な手段が何なのか、どんな働き方があるのかを前提に、自分のキャリアについて考えていけるようになりました。●吉田葵さん（化粧品メーカー）「特定の職業に就かなければ価値がない」と考えていましたが、林さんと出会い「どんな職業になったとしても、人生において成し遂げたい像になっていれば良い」という考え方に変わりました。●武藤洸佑さん（電気設備管理業務）「自分が戦う場所は自分で選べる」ことを強く学びました。自分の強みや武器を理解するために、他の人とかかわっていくことで、自分の能力を理解したり、そこから基準値の高さでさらに向上させる。レールの上に敷かれたキャリアは後に自分を苦しめることにもなると感じます。このような考えに至ったのも林さんと出会えたからです。とても感謝しています。

人生を変えた人々の声を一部紹介

●西岡克己さん（作業療法士）林さんと出会ってから「現状に不満を抱いているけど、何もしたいことがない」状況から、「今の自分にできることで人の役に立とう」と思えるようになりました。●延足海さん（WEB 系事務職）自分のキャリアに漠然とした不安しかなく、動いてすらいないのに不満ばかり抱いていました。そんな時に出会い、今までの自分の言動に危機感を覚えたと同時に、キャリアに対してポジティブに考えられるようになりました。●マコウデイナさん（予備校の受験カウンセラー）以前は「好きなことを仕事にする」や「安定な職業に就く」考えしかありませんでしたが、仕事の内容よりも一緒に仕事している人や自分に合った生活スタイルを見つけた上でそれを実現できる仕事に就くことが大事だと学びました。●伊藤碧海さん（撮影アシスタント）「仕事は辛いもの」という考えから「自分の持っているものでどう貢献できるか」について考えられるようになりました。頭がいいから優秀というより、どれだけ自分がなりたい人と一緒にいるか、そのためにどうアピールしていくかが大事だと、林さんに出会わなければ気づくことができませんでした。●久野清美さん（看護師）看護師の仕事しかできないと思っていましたが、選択肢は他にもあると知れました。また、社会の現状を把握した上で、「今のままの働き方で良いのか？」と考えるきっかけをもらいました。●河江玲奈さん（お菓子メーカー販売員）はじめは自分の現状に満足しようと必死でしたが、それは自分の限界を勝手に決めつけていたと思います。しかし、多様な働き方や生き方をご教授いただき、転職することができました。今は日々、新しい出来事・環境に触れ合い、幸せに感じています。●新田夕華さん（保育教諭）「やりたいことよりも『嫌なこと』を理由にしたほうがエネルギーに変わる」と話を聞き、今は自分の嫌なことを減らせる働き方に向けて行動するきっかけになっています。●匿名（県立高校 家庭科教員）今までは「誰かに認められること」、「世の中にとって良いと評価されること」が重要で、自分自身の気持ちよりもお金を稼ぎ、ただ暮らしていければ良いと考えていました。ですが林さんとお会いしてからは、自分自身の価値観で日々向上心を持って生活することができる環境を築くことこそが、幸せに生活していくための第一歩であると気がつくことが出来ました。●鈴木智也さん（旅行会社　営業企画）日本という社会で生き残るために、自分がどうあるべきかを気づかせてくださいました。どんな状況でも対応できる力を身につけることで基準値も高まり、より新たな学びを得て成長していけると考えられるようになりました。●匿名（エステティシャン）脱会社員を目指す中でどこか自信が持てずにいました。そんな時に林さんに出会ったことで行動が変わり、思いもさらに強くなり、今後の未来が楽しみになったとともに人生の考え方が大きく変わりました。●匿名（設備保全）林さんと出会い、時間とお金の大切さを知ることができました。そこから今の職場では自分を満たすことができないと感じ、転職する決意を固めることができました。 ●匿名（市役所職員）なんとなく

読者限定
無料プレゼント

特別対談動画

「20代が会社を辞める前に
知っておくべき３つの法則」

20代キャリアコーチ
林 宏樹

×

累計1100万部
超ベストセラー編集者
長倉 顕太

プレゼントの
受け取りはコチラ▶

主な内容

- 「うまくいかない転職」とは？
- 20代が会社を辞めた後の３つのキャリア戦略
- 「自己分析」よりもやるべきこと
- ワーキングホリデーにいく意味はあるのか？

20代のための人生デザイン講座

2023年5月10日　第1刷発行

著　者　林 宏樹
発行人　出口 汪
発行所　株式会社 水王舎
〒150-0012
東京都渋谷区広尾5-14-2
電話 03-6304-0201
印　刷　日経印刷
製　本　日経印刷

落丁、乱丁本はお取り替えいたします。

ISBN978-4-86470-177-8　C0030